COLLECTION POÉSIE

PAUL CLAUDEL

Cinq grandes Odes

suivies d'un Processionnal
pour saluer le siècle nouveau

La Cantate à trois voix

PRÉFACE DE
JEAN GROSJEAN

GALLIMARD

*Tous droits d'adaptation, de reproduciton et de traduction
réservés pour tous les pays,*

© Éditions Gallimard, 1913 et 1957 pour le texte.
© Éditions Gallimard, 1966 pour la préface.

On est souvent conduit à un chef-d'œuvre par les œuvres plus récentes qui s'en inspirent. Ces dernières cependant nous voilent un peu l'originalité de leur première source. Restées sans descendance les Cinq Grandes Odes *qui ont ouvert notre siècle ne sont pas assez connues, mais elles restent neuves même pour ceux qui les fréquentent depuis longtemps. Les audaces contemporaines qui pourraient nous blaser s'exercent dans d'autres directions.*

*Claudel est le seul avec Rimbaud (là est leur vrai lien) à avoir pris pour matière première de son art le français de l'Est, celui qui n'ayant pas accès à la littérature a mis son génie dans une parole dense et violente. Ce génie-là qui sous-tend la prose d'*Une Saison en Enfer *et qu'on retrouve nu dans les lettres d'Éthiopie, montre dans* Tête d'Or *toutes ses vertus de dialogue (souvent, d'ailleurs, dialogue de sourds) et démontre dans* Connaissance de l'Est *qu'il est, de tous les modes franais, le plus apte à affronter la description. Rien pourtant ne le prédisposait à l'ode et c'est peut-être ici que l'art de Claudel fait la preuve de plus de souffle et de aîtrise. Voilà sans doute ce qui donne à ces cinq poèmes leur musique propre, leur résonance unique et leur permet d'atteindre ce langage* *vivant qui est le comble de l'écriture. Claudel ici peut contempler le bas-relief des Muses ou le paysage chinois, scruter la géographie ou le cœur humain, démêler les mythes, y mêler l'histoire ou sa vie, se livrer à d'enivrantes admirations ou aux invectives les moins courtoises, réfléchir sur son art ou sur son salut, tout embrasser triomphalement ou se laisser déchirer de conflits, rien n'aura raison du chant qu'il impose, un chant qui dompte plus d'êtres et de choses qu'on n'en supposait capable notre poésie.*

Claudel est trop poète pour réduire le langage au récit des faits ou des idées, trop impatient pour nous mener sous de vagues prétextes à des ravissements clandestins, mais il est trop prudent pour pousser l'écriture à ses confins d'imagination gratuite, de musique pure ou d'expériences plastiques. Les vertus qu'il a sont contradictoires et son art en fait une synthèse qu'on a peu de chance de rencontrer à nouveau. Elle est peut-être à son plus haut point dans les odes. Celles-ci se soumettent si peu à un ordre externe que l'auteur a dû les faire précéder d'arguments qui guident la lecture, mais elles sont parfaitement organisées à l'intérieur de leur mouvement. On peut y perdre pied, on se sent emporté dans une cohérence. Et chaque relecture nous y fait mieux découvrir, sous les violences de l'esprit et de l'âme, à travers les changements d'allure et les allusions bigarrées, une profonde science de la vie. Plus on comprend la structure de cette démarche, plus on aime cette extrême liberté sans désordre, une espèce d'immense cri vierge.

Ce miracle était attendu depuis si longtemps qu'il était devenu improbable. Hugo avait rêvé pareille maîtrise, un souffle en marche, une voix oraculaire qui convoque les abîmes et les ho   s, le rire, la terreur et la grâce ensemble, le miè   et le sacré, l'idée flagrante et les chemins secrets. Il a pétri nos langues littéraires, y compris la belle langue morte du vers. Mais Claudel repart du tuf, il manie moins une écriture qu'une certaine forme de parole. De là lui viennent cette farce grave, cette fougue sans virtuosité, cette rudesse dans la suavité, cette sagacité dans la déflagration. Certes Claudel utilise notre culture et même d'autres, mais sans sortir de cette âme de langage qu'il a choisie. Il s'agit bien moins d'une syntaxe dialectale que d'une attitude foncière. Par exemple, ses images ne sont pas agencées, comme ce fut longtemps la coutume, ni fabriquées, comme c'est maintenant la mode ; elles ne sont ni charmeuses ni hallucinatoires ; elles ne sont que le coup d'œil d'un terrien dans un pays à vastes pentes. (Qu'on songe au contraire au regard de navigateur que Perse porte sur la terre.) Elles supposent même dans l'œil la lumière d'un climat atavique. Leur rôle n'est ni de plaire ni de choquer ; elles n'arrêtent ni n'entraînent ; elles éclairent, aèrent le monde et situent l'homme qui les voit.

Depuis Ronsard on rêvait d'odes pindariques et Boileau souhaitait comme un sommet leur beau désordre. En vérité on ne semblait guère en avoir les moyens, moins même que les Anglais ou les Allemands, et notre romantisme, sur ce point-là, échouait. C'est qu'on n'avait pas fait appel à l'arrière-pays. Les Grandes Odes sont, en ce sens, presque une profanation. Elles risquaient au moins d'être une irrémédiable dilapidation de nos réserves, comme de faire donner la Garde à Waterloo. Heureusement elles furent une victoire, mais personne, depuis, ne s'y est hasardé, pas même Claudel.

Oui, avouons-le, cette surprise est un accomplissement, un terme. Le vers lyrique est défait, un peu ridicule comme un outil brisé à côté de ces versets. Et ces versets eux-mêmes, étonnés de leur réussite, sont sans passeport. Ont-ils pour pères les versets des drames de L'Arbre? Ce n'est pas très sûr. On voit bien qu'ils sont parents, mais le théâtre est un autre monde. Claudel a mené cette bataille des odes pendant huit ans. Après, il reviendra à la rime pour des incantations ou au dialogue dramatique, et aussi aux vers courts des traditions anciennes. Il y a une poésie qui ne se répète pas, chacun de ses succès est remporté une fois pour toutes. Il y a un mystérieux essentiel dont certains petits livres ouvrent une fois pour toutes l'une des portes.

Les Grandes Odes ont frappé cinq fois à la leur, cinq coups différents. Dès les premiers mots elles ont gagné (Les Neuf Muses, et au milieu Terpsichore!) On ne reconnaît plus rien aux vieilles affabulations grecques; tout à coup elles sont nôtres, vivantes, évidentes, respirantes et même directes, brutales malgré l'ampleur déployée. La longue période latine que craignaient ou calquaient nos auteurs est retrouvée, mais cette fois vraiment française, par des moyens inattendus. Les sociologues n'ont pas encore étudié les solutions que propose ce langage. Rarement poète a exercé sur son texte une autorité plus totale, plus théocratique : elle est sans appel comme sans programme. La tyrannie la plus minutieuse emporte syllabes et signes dans son mouvement à la fois sûr de lui et arbitraire, en tout cas perpétuellement imprévisible. C'est une dictature aventurière. Mais en même temps, les mots, les figures, les sons, les images, les idées et autres notabilités locales sont respectées selon leurs génies propres comme d'antiques puissances inamovibles. Mieux, elles semblent restaurées, elles retrouvent leur âme et leurs droits que d'autres, pourtant bien intentionnés, méconnurent. Et chaque verset *a son autonomie complète, insolite ; aucune ressemblance entre eux :*

Les abîmes, que le regard sublime
Oublie, passent audacieusement d'un point à l'autre.

C'est peu dire qu'ils ne riment pas, ils ont chacun leur vie propre, unique, incomparable, absolue. De durées fort inégales (d'une syllabe de deux lettres à une phrase de six lignes), les uns se concentrent sur eux-mêmes :

Les ombres et les images par tourbillons s'élèvent sous ton pas suscitateur.

d'autres se suspendent sur le vide :

Car voici que par le grand clair de lune

certains sont assis au bord d'une route :

Foncier, compact

d'autres couchés à une sorte de fin du monde :

Jusque la longue barque Phéacienne te ramenât accablé d'un sommeil profond.

quelques-uns construits sur une faille médiane :

S'ouvre, l'accès

et il y a ceux qui se cachent dans un murmure :

(Et en effet je sentis sa main sur ma main.)

ceux qui affirment :

Cela que chaque chose veut dire.

ceux qui pressent :

C'est trop, c'est trop attendre! prends-moi! que faisons-nous ici?

Il faudrait une définition pour chacun.

Chaque ode est gouvernée par la même rigueur sans règle. Elles n'ont pas l'air de se soucier de l'édifice qu'elles fondent, mais avec quel entrain leur maître emploie leurs diverses humeurs à cimenter son texte! Somptueuse, la première, quand on la croit finie, quel brusque départ elle reprend, quelle tout autre lumière elle prend! Le déploiement de l'âme dans ses facultés, dans sa culture, dans son histoire séculaire, n'aura servi qu'à sa condensation passionnée dans une crise. Une lame de fond qui se lève laisse un moment à nu le fond de l'océan. On la soupçonnait d'autant moins que toutes les grandes folies semblaient épuisées et voici un instant plus immortel que les durées (une réponse qui est une question).

L'Esprit et l'eau *reprend de plus haut, de plus loin la crise centrale, avec un souffle plus large encore, à la mesure d'un pays plus vaste :* c'est *de Pékin que le poète songe à la mer. (La littérature française se fait en Chine : Claudel, Ségalen, Perse, Malraux...) Nos passés, ni la simple nature, ni de fragiles exotismes ne nous offraient cet arrière-fond d'une continuité quotidienne où l'homme soit assez perdu pour entendre sa propre voix :*

Je prête l'oreille et il n'y a plus que cet arbre qui frémit.

Dans Magnificat *le poète remonte à une crise antérieure : la rencontre antérieure (celle de la foi) qui a donné à l'autre (celle de la passion) sa dimension. C'est avec un chant de délivrance, tantôt attendri tantôt âpre, que tour à tour il remonte et redescend le cours de sa vie jusqu'aux portes de l'avenir ; car tout valait mieux que les idoles et le néant* (je suis vivant dans votre nuit abominable).

La quatrième ode remet tout en question. Nous sommes au point culminant. Cette crise nouvelle est toujours la même, mais les dualités diverses s'ordonnent en un admirable dialogue par strophes et antistrophes. Moins les luttes du théâtre qu'un duel plus dru, plus secret, plus trouble aussi car les combattants changent de visage au cours du combat. Pour en donner une idée indiquons-en seulement une des nombreuses trames superposées : La muse arrive en transmutatrice du langage — le poète lui demande l'inspiration épique — mais elle n'est que lyrisme — le poète méfiant se veut alors didactique — elle exige alors l'élégie — le poète se plaint des affres de la création — la muse avoue qu'elle est la « grâce » et propose l'expérience mystique — le poète se retire par la porte opposée.

Dans La Maison fermée *où il se retranche, gardé cette fois par les muses carrées qui sont les vertus, Claudel explique qu'il n'a pas de comptes à nous rendre, bien qu'il doive tout donner et tout expliquer. On dirait, à mesure qu'il prend davantage conscience de son intensité, que celle-ci se retire peu à peu. A la fin il n'est plus que la plainte des morts. Cette espèce de puissant essoufflement ne manque pas de pathétique. Les forces divergentes qui firent tant d'éclat sont désormais confrontées à huis clos. Notons* : Le poète répond : Je ne suis pas un poète. *Et aussi ce qu'est le poète* : Une personne sans visage, une parole sans aucun son, un semeur de solitude (et que celui qui entend ma parole rentre chez lui inquiet et lourd).

Nous sommes loin de cette catastrophe d'Igitur *qui l'avait tant frappé en Mallarmé, loin de ce bilan de faillite que fit Rimbaud dans sa* Saison, *loin de leurs méthodes « scientifiques » si prisées au siècle dernier et si facilement exportées aujourd'hui dans les zones de moindre culture. Claudel est plus moderne, les engouements éphémères n'ont pas eu prise sur lui. Il vient d'une vraie province.*

Il vit dans une vraie civilisation étrangère. Il fréquente Shakespeare, Virgile, Eschyle, la Bible. Il s'enracine ainsi dans la tradition la plus large et la plus reculée, celle des hommes pour qui les problèmes de personnes sont les problèmes capitaux et pour qui le langage, convention entre hommes, reste plus fort dans sa complexité que toute autre discipline. Il n'est pas inutile d'ajouter une remarque. Claudel apparut à beaucoup comme trop imprégné d'influences étrangères ou antiques. Or justement, parmi tant de voies qui lui étaient ouvertes, il a choisi la voie française classique : subordonner tout à une brève période de crise extrême entre quelques vivants.

Trois ans après la dernière marée des Grandes Odes *il y aura, en guise de dernière épode, la* Cantate à trois voix. *L'inspiration s'est apaisée par un biais surprenant. Le repos succède moins à la lutte que celle-ci n'est transposée. Au lieu de l'affrontement entre les adversaires voici la rencontre entre les différences.*

Le langage même est nouveau et presque aux antipodes du premier Claudel. Ce n'est plus la respiration forte qui soulève les odes, les drames et même la prose, c'est un bercement léger, une palpitation presque sensuelle avec des syncopes, des triolets, des points d'orgue. La rime jusque-là dédaignée revient en triomphe, d'un triomphe qu'elle n'avait peut-être jamais connu encore dans notre France rimeuse. Non plus un écho, mais une obsession. Le même son jusqu'à dix fois réitéré, dès qu'il est déclenché, enveloppant une rime précédente qui n'arrive pas non plus à s'éteindre. Et n'oublions pas les trois voix, chaque fragment de la phrase prononcé par un timbre différent. Au lieu de l'interpellation ou du dialogue, c'est le concert des voix.

Rompant et relançant cette marche, de temps en temps éclate, en solo, tel ou tel cantique impatient, mélancolique ou comblé. Les trois femmes qui chantent ne sont pas de froides allégories. Qu'il y en ait au moins deux qu'on puisse nommer ne serait que de l'anecdote si elles ne revenaient des Grandes Odes *avec cette nouvelle stature intemporelle pour se rencontrer en l'absence du poète (il n'est plus que celui qui sait mieux qu'elles leur voix). Elles confrontent chacune la sorte de séparation qui fait leur tourment, la Rhodanienne attend son fiancé, la Polonaise est en exil loin de son mari, l'Égyptienne est veuve. C'est la brève nuit du solstice de juin, cette heure qui est entre le printemps et l'été.*

Pour situer cette cantate qui n'avait pas plus de précédents que les Grandes Odes *et restera semble-t-il sans davantage de descendance, il faudrait lui comparer les trois autres dénouements que Claudel propose à toute crise centrale : le troisième acte du* Partage de Midi *(un grandiose déchirement), la cinquième ode (une austère résolution) et la quatrième journée du* Soulier de Satin *(un immense rire libérateur). Le premier est tragique et couronne tout le théâtre claudélien antérieur, le deuxième dans sa gravité omet le déploiement liturgique ultérieur, le dernier cristallisera le comique spécifique du poète. La cantate, qui fut la troisième solution, a d'emblée atteint une telle perfection d'équilibre aérien que l'auteur n'y retouchera plus.*

Jean Grosjean.

Cinq grandes Odes

Première Ode

Les Muses*

Les Neuf Muses, et au milieu Terpsichore !
Je te reconnais, Ménade ! Je te reconnais, Sibylle !
Je n'attends avec ta main point de coupe ou ton sein même
Convulsivement dans tes ongles, Cuméenne dans le tourbillon des feuilles dorées !
Mais cette grosse flûte tout entrouée de bouches à tes doigts indique assez
Que tu n'as plus besoin de la joindre au souffle qui t'emplit
Et qui vient de te mettre, ô vierge, debout !
Point de contorsions : rien du cou ne dérange les beaux plis de ta robe jusqu'aux pieds qu'elle ne laisse point voir !
Mais je sais assez ce que veulent dire cette tête qui se tourne vers le côté, cette mine enivrée et close, et ce visage qui écoute, tout fulgurant de la jubilation orchestrale !
Un seul bras est ce que tu n'as point pu contenir ! Il se relève, il se crispe,
Tout impatient de la fureur de frapper la première mesure !

* « Sarcophage trouvé sur la route d'Ostie. » — Au Louvre.

Secrète voyelle! animation de la parole qui naît! modulation à qui tout l'esprit consonne!

Terspichore, trouveuse de la danse! où serait le chœur sans la danse? quelle autre captiverait

Les huit sœurs farouches ensemble, pour vendanger l'hymne jaillissante, inventant la figure inextricable?

Chez qui, si d'abord te plantant dans le centre de son esprit, vierge vibrante,

Tu ne perdais sa raison grossière et basse flambant toute de l'aile de ta colère dans le sel du feu qui claque,

Consentiraient d'entrer les chastes sœurs?

Les Neuf Muses! aucune n'est de trop pour moi!

Je vois sur ce marbre l'entière neuvaine. A ta droite, Polymnie! et à la gauche de l'autel où tu t'accoudes!

Les hautes vierges égales, la rangée des sœurs éloquentes

Je veux dire sur quel pas je les ai vues s'arrêter et comment elles s'enguirlandaient l'une à l'autre

Autrement que par cela que chaque main

Va cueillir aux doigts qui lui sont tendus.

Et d'abord, je t'ai reconnue, Thalie!

Du même côté j'ai reconnu Clio, j'ai reconnu Mnémosyne, je t'ai reconnue, Thalie!

Je vous ai reconnu, ô conseil complet des neuf Nymphes intérieures!

Phrase mère! engin profond du langage et peloton des femmes vivantes!

Présence créatrice! Rien ne naîtrait si vous n'étiez neuf!

Voici soudain, quand le poëte nouveau comblé de l'explosion intelligible,

La clameur noire de toute la vie nouée par le nombril dans la commotion de la base,
S'ouvre, l'accès
Faisant sauter la clôture, le souffle de lui-même
Violentant les mâchoires coupantes,
Le frémissant Novénaire avec un cri !
Maintenant il ne peut plus se taire ! L'interrogation sortie de lui-même, comme du chanvre
Aux femmes de journée, il l'a confiée pour toujours
Au savant chœur de l'inextinguible Écho !
Jamais toutes ne dorment ensemble ! mais avant que la grande Polymnie se redresse,
Ou bien c'est, ouvrant à deux mains le compas, Uraniel à la ressemblance de Vénus,
Quand elle enseigne, lui bandant son arc, l'Amour ;
Ou la rieuse Thalie du pouce de son pied marque doucement la mesure ; ou dans le silence du silence
Mnémosyne soupire.

L'aînée, celle qui ne parle pas ! l'aînée, ayant le même âge ! Mnémosyne qui ne parle jamais !
Elle écoute, elle considère.
Elle ressent (étant le sens intérieur de l'esprit),
Pure, simple, inviolable ! elle se souvient.
Elle est le poids spirituel. Elle est le rapport exprimé par un chiffre très beau. Elle est posée d'une manière qui est ineffable
Sur le pouls même de l'Être.
Elle est l'heure intérieure ; le trésor jaillissant et la source emmagasinée ;
La jointure à ce qui n'est point temps du temps exprimé par le langage.
Elle ne parlera pas ; elle est occupée à ne point parler. Elle coïncide.

Elle possède, elle se souvient, et toutes ses sœurs sont attentives au mouvement de ses paupières.

Pour toi, Mnémosyne, ces premiers vers, et la déflagration de l'Ode soudaine!

Ainsi subitement du milieu de la nuit que mon poëme de tous côtés frappe comme l'éclat de la foudre trifourchue!

Et nul ne peut prévoir où soudain elle fera fumer le soleil,

Chêne, ou mât de navire, ou l'humble cheminée, liquéfiant le pot comme un astre!

O mon âme impatiente! nous n'établirons aucun chantier! nous ne pousserons, nous ne roulerons aucune trirème

Jusqu'à une grande Méditerranée de vers horizontaux,

Pleine d'îles, praticable aux marchands, entourée par les ports de tous les peuples!

Nous avons une affaire plus laborieuse à concerter

Que ton retour, patient Ulysse!

Toute route perdue! sans relâche pourchassé et secouru

Par les dieux chauds sur la piste, sans que tu voies rien d'eux que parfois

La nuit un rayon d'or sur la Voile, et dans la splendeur du matin, un moment,

Une face radieuse aux yeux bleus, une tête couronnée de persil,

Jusqu'à ce jour que tu restas seul!

Quel combat soutenaient la mère et l'enfant, dans Ithaque là-bas,

Cependant que tu reprisais ton vêtement, cependant que tu interrogeais les Ombres,

Jusque la longue barque Phéacienne te ramenât, accablé d'un sommeil profond!

Et toi aussi, bien que ce soit amer,
Il me faut enfin délaisser les bords de ton poëme, ô Énée, entre les deux mondes l'étendue de ses eaux pontificales!

Quel calme s'est fait dans le milieu des siècles, cependant qu'en arrière la patrie et Didon brûlent fabuleusement!

Tu succombes à la main ramifère! tu tombes, Palinure, et ta main ne retient plus le gouvernail.

Et d'abord on ne voyait que leur miroir infini, mais soudain sous la propagation de l'immense sillage,

Elles s'animent et le monde entier se peint sur l'étoffe magique.

Car voici que par le grand clair de lune

Le Tibre entend venir la nef chargée de la fortune de Rome

Mais maintenant, quittant le niveau de la mer liquide,

O rimeur Florentin! nous ne te suivrons point, pas après pas, dans ton investigation,

Descendant, montant jusqu'au ciel, descendant jusque dans l'Enfer,

Comme celui qui assurant un pied sur le sol logique avance l'autre en une ferme enjambée.

Et comme quand en automne on marche dans des flaques de petits oiseaux,

Les ombres et les images par tourbillons s'élèvent sous ton pas suscitateur!

Rien de tout cela! toute route à suivre nous ennuie! toute échelle à escalader!

O mon âme! le poëme n'est point fait de ces lettres que je plante comme des clous, mais du blanc qui reste sur le papier.

O mon âme! il ne faut concerter aucun plan! ô mon âme sauvage, il faut nous tenir libres et prêts,

Comme les immenses bandes fragiles d'hirondelles quand sans voix retentit l'appel automnal!

O mon âme impatiente, pareille à l'aigle sans art! comment ferions-nous pour ajuster aucun vers? à l'aigle qui ne sait pas faire son nid même?

Que mon vers ne soit rien d'esclave! mais tel que l'aigle marin qui s'est jeté sur un grand poisson,

Et l'on ne voit rien qu'un éclatant tourbillon d'ailes et l'éclaboussement de l'écume!

Mais vous ne m'abondonnerez point, ô Muses modératrices.

Et toi entre toutes, pourvoyeuse, infatigable Thalie!

Toi, tu ne demeures pas au logis! Mais comme le chasseur dans la luzerne bleue

Suit sans le voir son chien dans le fourrage, c'est ainsi qu'un petit frémissement dans l'herbe du monde

A l'œil toujours préparé indique la quête que tu mènes;

O batteuse de buissons, on t'a bien représentée avec ce bâton à la main!

Et de l'autre, prête à y puiser le rire inextinguible, comme on étudie une bête bizarre,

Tu tiens le Masque énorme, le mufle de la Vie, la dépouille grotesque et terrible!

Maintenant tu l'as arraché, maintenant tu empoignes le grand Secret Comique, le piège adaptateur, la formule transmutatrice!

Mais Clio, le style entre les trois doigts, attend, postée au coin du coffre brillant,

Clio, le greffier de l'âme, pareille à celle qui tient les comptes.

On dit que ce berger fut le premier peintre

Qui, sur la paroi du roc observant l'ombre de son bouc,

« Avec un tison pris à son feu contourna la tache cornue.
Ainsi qu'est la plume, pareille au style sur le cadran solaire ?
Que l'extrémité aiguë de notre ombre humaine promenée sur le papier blanc.
Écris, Clio ! confère à toute chose le caractère authentique. Point de pensée
Que notre opacité personnelle ne réserve le moyen de circonscrire.
O observatrice, ô guide, ô inscriptrice de notre ombre !

J'ai dit les Nymphes nourricières; celles qui ne parlent point et qui ne se font point voir; j'ai dit les Muses respiratrices, et maintenant je dirai les Muses inspirées.
Car le poëte pareil à un instrument où l'on souffle
Entre sa cervelle et ses narines pour une conception pareille à l'acide conscience de l'odeur.
N'ouvre pas autrement que le petit oiseau son âme,
Quand prêt à chanter de tout son corps il s'emplit d'air jusqu'à l'intérieur de tous ses os !
Mais maintenant je dirai les grande Muses intelligentes.

La vôtre avec son cal dans le repli de la main !
Voici l'une avec son ciseau, et cette autre qui broie ses couleurs, et l'autre, comme elle est attachée à ses claviers par tous les membres !
— Mais celles-ci sont les ouvrières du son intérieur, le retentissement de la personne, cela de fatidique,
L'émanation du profond a l'énergie de l'or obscur,
Que la cervelle par toutes ses racines va puiser jusqu'au fond des intestins comme de la graisse, éveiller jusqu'à l'extrémité des membres !
Cela ne souffre pas que nous dormions ! Soupir plus

plein que l'aveu dont la préférée comble dans le sommeil notre cœur!

Chose précieuse, te laisserons-nous ainsi échapper? Quelle Muse nommerai-je assez prompte pour la saisir et l'étreindre?

Voici celle qui tient la lyre de ses mains, voici celle qui tient la lyre entre ses mains aux beaux doigts,

Pareille à un engin de tisserand, l'instrument complexe de la captivité,

Euterpe à la large ceinture, la sainte flamine de l'esprit, levant la grande lyre insonore!

La chose qui sert à faire le discours, la claricorde qui chante et qui compose.

D'une main la lyre, pareille à la trame tendue sur le métier, et de son autre main

Elle applique le plectrum comme une navette.

Point de touche qui ne comporte la mélodie tout entière! Abonde, timbre d'or, opime orchestre! Jaillis, parole virulente! Que le langage nouveau, comme un lac plein de sources,

Déborde par toutes ses coupures! J'entends la note unique prospérer avec une éloquence invincible!

Elle persiste, la lyre entre tes mains

Persiste comme la portée sur qui tout le chant vient s'inscrire.

Tu n'es point celle qui chante, tu es le chant même dans le moment qu'il s'élabore,

L'activité de l'âme composée sur le son de sa propre parole!

L'invention de la question merveilleuse, le clair dialogue avec le silence inépuisable.

Ne quitte point mes mains, ô Lyre aux sept cordes, pareille à un instrument de report et de comparaison!

Que je voie tout entre tes fils bien tendus! et la Terre avec ses feux, et le ciel avec ses étoiles.

Mais la lyre ne nous suffit pas, et la grille sonore de ses sept nerfs tendus.
Les abîmes, que le regard sublime
Oublie, passant audacieusement d'un point à l'autre.
Ton bond, Terpsichore, ne suffirait point à les franchir, ni l'instrument dialectique à les digérer.
Il faut l'Angle, il faut le compas qu'ouvre avec puissance Uranie, le compas aux deux branches rectilignes,
Qui ne se joignent qu'en ce point d'où elles s'écartent.
Aucune pensée, telle que soudain une planète jaune ou rose au-dessus de l'horizon spirituel,
Aucun système de pensées tel que les Pléiades,
Faisant son ascension à travers le ciel en marche,
Dont le compas ne suffise à prendre tous les intervalles, calculant chaque proportion comme une main écartée.
Tu ne romps point le silence! tu ne mêles pas à rien le bruit de la parole humaine. O poëte, tu ne chanterais pas bien
Ton chant si tu ne chantais en mesure.
Mais ta voix est nécessaire au chœur quand ton tour est venu de prendre ta partie.
O grammairien dans mes vers! Ne cherche point le chemin, cherche le centre! mesure, comprends l'espace compris entre ces deux solitaires!
Que je ne sache point ce que je dis! que je sois une note en travail! que je sois anéanti dans mon mouvement! (rien que la petite pression de la main pour gouverner).
Que je maintienne mon poids comme une lourde étoile à travers l'hymne fourmillante!

Et à l'autre extrémité du long coffre, vide de la capacité d'un corps d'homme

On a placé Melpomène, pareille à un chef militaire et à une constructrice de cités,

Car, le visage tragique relevé sur la tête comme un casque,

Accoudée sur son genou, le pied sur une pierre équarrie, elle considère ses sœurs ;

Clio à l'un des bouts est postée et Melpomène se tient à l'autre.

Quand les Parques ont déterminé,

L'action, le signe qui va s'inscrire sur le cadran du Temps comme l'heure par l'opération de son chiffre,

Elles embauchent à tous les coins du monde les ventres

Qui leur fourniront les acteurs dont elles ont besoin,

Au temps marqué ils naissent.

Non point à la ressemblance seulement de leurs pères, mais dans un secret nœud

Avec leurs comparses inconnus, ceux qu'ils connaîtront et ceux qu'ils ne connaîtront pas, ceux du prologue et ceux de l'acte dernier.

Ainsi un poëme n'est point comme un sac de mots, il n'est point seulement

Ces choses qu'il signifie, mais il est lui-même un signe, un acte imaginaire, créant

Le temps nécessaire à sa résolution,

A l'imitation de l'action humaine étudiée dans ses ressorts et dans ses poids.

Et maintenant, chorège, il faut recruter tes acteurs, afin que chacun joue son rôle, entrant et se retirant quand il faut.

César monte au prétoire, le coq chante sur son tonneau ; tu les entends, tu les comprends très bien tous les deux,

A la fois l'acclamation de la classique et le latin du coq ;

Tous les deux te sont nécessaires, tu sauras les engager tous les deux ; tu sauras employer tout le chœur.

Le chœur autour de l'autel

Accomplit son évolution : il s'arrête,

Il attend, et l'annonciateur lauré apparaît, et Clytemnestre, la hache à la main, les pieds dans le sang de son époux, la semelle sur la bouche de l'homme,

Et Œdipe avec ses yeux arrachés, le devineur d'énigmes !

Se dresse dans la porte Thébaine.

Mais le radieux Pindare ne laisse à sa troupe jubilante pour pause

Qu'un excès de lumière et ce silence, d'y boire !

O la grande journée des jeux !

Rien ne sait s'en détacher, mais toute chose y rentre tour à tour.

L'ode pure comme un beau corps nu tout brillant de soleil et d'huile

Va chercher tous les dieux par la main pour les mêler à son chœur,

Pour accueillir le triomphe à plein rire, pour accueillir dans un tonnerre d'ailes la victoire

De ceux qui par la force du moins de leurs pieds ont fui le poids du corps inerte.

Et maintenant, Polymnie, ô toi qui te tiens au milieu de tes sœurs, enveloppée dans ton long voile comme une cantatrice,

Accoudée sur l'autel, accoudée sur le pupitre,

C'est assez attendu, maintenant tu peux attaquer le chant nouveau ! maintenant je puis entendre ta voix, ô mon unique !

Suave est le rossignol nocturne ! Quand le violon puissant et juste commence,

Le corps soudainement nettoyé de sa surdité, tous nos

nerfs sur la table d'harmonie de notre corps sensible en une parfaite gamme

Se tendent, comme sous les doigts agiles de l'accordeur.

Mais quand il fait entendre sa voix, lui-même,

Quand l'homme est à la fois l'instrument et l'archet,

Et que l'animal raisonnable résonne dans la modulation de son cri,

O phrase de l'alto juste et fort, ô soupir de la forêt Hercynienne, ô trompettes sur l'Adriatique !

Moins essentiellement en vous retentit l'Or premier qu'alors cela infus dans la substance humaine !

L'Or, ou connaissance intérieure que chaque chose possède d'elle-même,

Enfoui au sein de l'élément, jalousement sous le Rhin gardé par la Nixe et le Nibelung !

Qu'est le chant que la narration que chacun

Fait de l'enclos de lui, le cèdre et la fontaine.

Mais ton chant, ô Muse du poëte,

Ce n'est point le bourdon de l'avette, la source qui jase, l'oiseau de paradis dans les girofliers !

Mais comme le Dieu saint a inventé chaque chose, ta joie est dans la possession de son nom,

Et comme il a dit dans le silence « *Qu'elle soit !* », c'est ainsi que, pleine d'amour, tu répètes, selon qu'il l'a appelée,

Comme un petit enfant qui épelle « *Qu'elle est* ».

O servante de Dieu, pleine de grâce !

Tu l'approuves substantiellement, tu contemples chaque chose dans ton cœur, de chaque chose tu cherches *comment la dire !*

Quand il composait l'Univers, quand Il disposait avec beauté le Jeu, quand Il déclenchait l'énorme cérémonie,

Quelque chose de nous avec lui, voyant tout, se réjouissant dans son œuvre,

Sa vigilance dans son jour, son acte dans son sabbat!
 Ainsi quand tu parles, ô poëte, dans une énumération délectable
 Proférant de chaque chose le nom,
 Comme un père tu l'appelles mystérieusement dans son principe, et selon que jadis
 Tu participas à sa création, tu coopères à son existence!
 Toute parole une répétition.
 Tel est le chant que tu chantes dans le silence, et telle est la bienheureuse harmonie
 Dont tu nourris en toi-même le rassemblement et la dissolution. Et ainsi,

 O poëte, je ne dirai point que tu reçois de la nature aucune leçon, c'est toi qui lui imposes ton ordre.
 Toi, considérant toutes choses!
 Pour voir ce qu'elle répondra tu t'amuses à appeler l'une après l'autre par son nom.
 O Virgile sous la Vigne! la terre large et féconde
 N'était pas pour toi de l'autre côté de la haie comme une vache
 Bienveillante qui instruit l'homme à l'exploiter tirant le lait de son pis.
 Mais pour premier discours, ô Latin,
 Tu légiféras. Tu racontes tout! il t'explique tout, Cybèle, il formule ta fertilité,
 Il est substitué à la nature pour dire ce qu'elle pense, mieux qu'un bœuf! Voici le printemps de la parole, voici la température de l'été!
 Voici que sue du vin l'arbre d'or! Voici que dans tous les cantons de ton âme
 Se résout le Génie, pareil aux eaux de l'hiver!
 Et moi, je produis dans le labourage, les saisons durement travaillent ma terre forte et difficile.

Foncier, compact,
Je suis assigné aux moissons, je suis soumis à l'agriculture.
J'ai mes chemins d'un horizon jusqu'à l'autre; j'ai mes rivières; j'ai en moi une séparation de bassins.
Quand le vieux Septentrion paraît au-dessus de mon épaule,
Plein une nuit, je sais lui dire le même mot, j'ai une accoutumance terrestre de sa compagnie.
J'ai trouvé le secret; je sais parler; si je veux, je saurai vous dire
Cela que chaque chose *veut dire*.
Je suis initié au silence; il y a l'inexhaustible cérémonie vivante, il y a un monde à envahir, il y a un poëme insatiable à remplir par la production des céréales et de tous les fruits.
— Je laisse cette tâche à la terre; je refuis vers l'Espace ouvert et vide

O sages Muses! sages, sages sœurs! et toi-même, ivre Terpsichore!
Comment avez-vous pensé captiver cette folle, la tenir par l'une et l'autre main,
La garrotter avec l'hymne comme un oiseau qui ne chante que dans la cage?
O Muses patiemment sculptées sur le dur sépulcre, la vivante, la palpitante! que m'importe la mesure interrompue de votre chœur? je vous reprends ma folle, mon oiseau!
Voici celle qui n'est point ivre d'eau pure et d'air subtil!
Une ivresse comme celle du vin rouge et d'un tas de roses! du raisin sous le pied nu qui gicle, de grandes fleurs toutes gluantes de miel!

La Ménade affolée par le tambour! au cri perçant du fifre, la Bacchante roidie dans le dieu tonnant!

Toute brûlante! toute mourante! toute languissante! Tu me tends la main, tu ouvres les lèvres,

Tu ouvres les lèvres, tu me regardes d'un œil chargé de désirs. « Ami!

C'est trop, c'est trop attendre! prends-moi! que faisons-nous ici?

Combien de temps vas-tu t'occuper encore, bien régulièrement, entre mes sages sœurs,

Comme un maître au milieu de son équipe d'ouvrières? Mes sages et actives sœurs! et moi je suis chaude et folle, impatiente et nue!

Que fais-tu ici encore? Baise-moi et viens!

Brise, arrache tous les liens! prends-moi ta déesse avec toi!

Ne sens-tu point ma main sur ta main? »

(Et en effet je sentis sa main sur ma main.)

« Ne comprends-tu point mon ennui, et que mon désir est de toi-même? ce fruit à dévorer entre nous deux, ce grand feu à faire de nos deux âmes! C'est trop durer!

C'est trop durer! Prends-moi, car je n'en puis plus! C'est trop, c'est trop attendre! »

Et en effet je regardai et je me vis tout seul tout à coup,
Détaché, refusé, abandonné,
Sans devoir, sans tâche, dehors dans le milieu du monde,
Sans droit, sans cause, sans force, sans admission.
« Ne sens-tu point ma main sur ta main? » (Et en effet je sentis, je sentis sa main sur ma main!)

O mon amie sur le navire! (Car l'année qui fut celle-là

Quand je commençai à voir le feuillage se décomposer et l'incendie du monde prendre,

Pour échapper aux saisons le soir frais me parut une aurore, l'automne le printemps d'une lumière plus fixe,

Je le suivis comme une armée qui se retire en brûlant tout derrière elle. Toujours

Plus avant, jusqu'au cœur de la mer luisante!)

O mon amie! car le monde n'était plus là

Pour nous assigner notre place dans la combinaison de son mouvement multiplié,

Mais décollés de la terre, nous étions seuls l'un avec l'autre,

Habitants de cette noire miette mouvante, noyés,

Perdus dans le pur Espace, là où le sol même est lumière.

Et chaque soir, à l'arrière, à la place où nous avions laissé le rivage, vers l'Ouest,

Nous allions retrouver la même conflagration

Nourrie de tout le présent bondé, la Troie du monde réel en flammes!

Et moi, comme la mèche allumée d'une mine sous la terre, ce feu secret qui me ronge,

Ne finira-t-il point par flamber dans le vent? qui contiendra la grande flamme humaine?

Toi-même, amie, tes grands cheveux blonds dans le vent de la mer,

Tu n'as pas su les tenir bien serrés sur ta tête; ils s'effondrent! les lourds anneaux

Roulent sur tes épaules, la grande chose joconde

S'enlève, tout part dans le clair de la lune!

Et les étoiles ne sont-elles point pareilles à des têtes d'épingles luisantes? et tout l'édifice du monde ne fait-il pas une splendeur aussi fragile

Qu'une royale chevelure de femme prête à crouler sous le peigne!

O mon amie! ô Muse dans le vent de la mer! ô idée chevelue à la proue!

O grief! ô revendication!

Érato! tu me regardes, et je lis une résolution dans tes yeux!

Je lis une réponse, je lis une question dans tes yeux! Une réponse et une question dans tes yeux!

Le hourra qui prend en toi de toutes parts comme de l'or, comme du feu dans le fourrage!

Une réponse dans tes yeux! Une réponse et une question dans tes yeux.

Paris, 1900.
Foutchéou, 1904.

Deuxième Ode

L'Esprit et l'eau

ARGUMENT

Le poëte dans la captivité des murs de Pékin, songe à la Mer. Ivresse de l'eau qui est l'infini et la libération. Mais l'esprit lui est supérieur encore en pénétration et en liberté. Élan vers le Dieu absolu qui seul nous libère du contingent. Mais en cette vie nous sommes séparés de lui. Cependant il est là quoique invisible et nous sommes reliés à lui par cet élément fluide, l'esprit ou l'eau, dont toutes choses sont pénétrées. Vision de l'Éternité dans la création tra sitoire. La voix qui est à la fois l'esprit et l'eau, l'élément plastique et la volonté qui s'impose à elle, est l'expression de cette union bienheureuse. L'esprit en toute chose dégage l'eau, illur ine et clarifie. Demande à Dieu d'être soi-même et dégagé de mortelles ténèbres. L'eau qui purifie quand elle jaillit à l'appel de Dieu, ce sont ces larmes qui sortent d'un cœur pénitent. Souvenir des erreurs passées. Tout est fini maintenant et le poëte écoute dans un profond silence l'Esprit de Dieu qui ffle à cette voix de la Sagesse qui est adressée à tout hor ıe.

Après le long ıce fumant,
Après le grand silence civil de maints jours tout fumant de rumeurs et de nées,
Haleine de la re en culture et ramage des grandes villes dorées,
Soudain l'Esprit de nouveau, soudain le souffle de nouveau,

Soudain le coup sourd au cœur, soudain le mot donné, soudain le souffle de l'Esprit, le rapt sec, soudain la possession de l'Esprit!
Comme quand dans le ciel plein de nuit avant que ne claque le premier feu de foudre,
Soudain le vent de Zeus dans un tourbillon plein de pailles et de poussières avec la lessive de tout le village!

Mon Dieu, qui au commencement avez séparé les eaux supérieures des eaux inférieures,
Et qui de nouveau avez séparé de ces eaux humides que je dis,
L'aride, comme un enfant divisé de l'abondant corps maternel,
La terre bien chauffante, tendre-feuillante et nourrie du lait de la pluie,
Et qui dans le temps de la douleur comme au jour de la création saisissez dans votre main toute-puissante
L'argile humaine et l'esprit de tous côtés vous gicle entre les doigts,
De nouveau après les longues routes terrestres,
Voici l'Ode, voici que cette grande Ode nouvelle vous est présente,
Non point comme une chose qui commence, mais peu à peu comme la mer qui était là,
La mer de toutes les paroles humaines avec la surface en divers endroits
Reconnue par un souffle sous le brouillard et par l'œil de la matrone Lune!

Or, maintenant, près d'un palais couleur de souci dans les arbres aux toits nombreux ombrageant un trône pourri,
J'habite d'un vieux empire le décombre principal.

Loin de la mer libre et pure, au plus terre de la terre je vis jaune,

Où la terre même est l'élément qu'on respire, souillant immensément de sa substance l'air et l'eau,

Ici où convergent les canaux crasseux et les vieilles routes usées et les pistes des ânes et des chameaux,

Où l'Empereur du sol foncier trace son sillon et lève les mains vers le Ciel utile d'où vient le temps bon et mauvais.

Et comme aux jours de grain le long des côtes on voit les phares et les aiguilles de rocher tout enveloppés de brume et d'écume pulvérisée,

C'est ainsi que dans le vieux vent de la Terre, la Cité carrée dresse ses retranchements et ses portes,

Étage ses Portes colossales dans le vent jaune, trois fois trois portes comme des éléphants,

Dans le vent de cendre et de poussière, dans le grand vent gris de la poudre qui fut Sodome, et les empires d'Égypte et des Perses, et Paris, et Tadmor, et Babylone.

Mais que m'impo   à présent vos empires, et tout ce qui meurt,

Et vous autres que j'ai laissés, votre voie hideuse là-bas !

Puisque je suis libre ! que m'importent vos arrangements cruels ? puisque moi du moins je suis libre ! puisque j'ai trouvé ! puisque moi du moins je suis dehors !

Puisque je n'ai plus ma place avec les choses créées, mais ma part avec ce qui les crée, l'esprit liquide et lascif !

Est-ce que l'on bêche la mer ? est-ce que vous la fumez comme un carré de pois ?

Est-ce que vous lui choisissez sa rotation, de la luzerne ou du blé ou des choux ou des betteraves jaunes ou pourpres ?

Mais elle est la vie même sans laquelle tout est mort, ah! je veux la vie même sans laquelle tout est mort!

La vie même et tout le reste me tue qui est mortel!

Ah, je n'en ai pas assez! Je regarde la mer! Tout cela me remplit qui a fin.

Mais ici et où que je tourne le visage et de cet autre côté

Il y en a plus et encore et là aussi et toujours et de même et davantage! Toujours, cher cœur!

Pas à craindre que mes yeux l'épuisent! Ah, j'en ai assez de vos eaux buvables.

Je ne veux pas de vos eaux arrangées, moissonnées par le soleil, passées au filtre et à l'alambic, distribuées par l'engin des monts,

Corruptibles, coulantes.

Vos sources ne sont point des sources. L'élément même!

La matière première! C'est la mère je dis, qu'il me faut!

Possédons la mer éternelle et salée, la grande rose grise! Je lève un bras vers le paradis! je m'avance vers la mer aux entrailles de raisin!

Je me suis embarqué pour toujours! Je suis comme le vieux marin qui ne connaît plus la terre que par ses feux, les systèmes d'étoiles vertes ou rouges enseignés par la carte et le portulan.

Un moment sur le quai parmi les balles et les tonneaux, les papiers chez le consul, une poignée de main au stevedore;

Et puis de nouveau l'amarre larguée, un coup de timbre aux machines, le break-water que l'on double, et sous mes pieds

De nouveau la dilatation de la houle!

Ni
Le marin, ni
Le poisson qu'un autre poisson à manger
Entraîne, mais la chose même et tout le tonneau et la veine vive,
Et l'eau même, et l'élément même, je joue, je resplendis! Je partage la liberté de la mer omniprésente!
L'eau
Toujours s'en vient retrouver l'eau,
Composant une goutte unique.
Si j'étais la mer, crucifiée par un milliard de bras sur ses deux continents,
A plein ventre ressentant la traction rude du ciel circulaire avec le soleil immobile comme la mèche allumée sous la ventouse,
Connaissant ma propre quantité,
C'est moi, je tire, j'appelle sur toutes mes racines, le Gange, le   ipi,
L'épaisse touffe de l'Orénoque, le long fil du Rhin, le Nil avec sa d ble vessie,
Et le lion nocturne buvant, et les marais, et les vases souterrains, et le c ur rond et plein des hommes qui durent leur instant.
Pas la mer, mais je suis esprit! et comme l'eau
De l'eau, l'esprit reconnaît l'esprit,
L'esprit, le souffle secret,
L'esprit créateur qui fait rire, l'esprit de vie et la grande haleine eumatique, le dégagement de l'esprit
Qui chatouille et qui enivre et qui fait rire!
O que cela est plus vif et agile, pas à craindre d'être laissé au sec! Loin que j'enfonce, je ne puis vaincre l'élasticité de l'abîme.
Comme du   d de l'eau on voit à la fois une douzaine de déesses aux   aux membres,

Verdâtres monter dans une éruption de bulles d'air,
Elles se jouent au lever du jour divin dans la grande dentelle blanche, dans le feu jaune et froid, dans la mer gazeuse et pétillante!
Quelle
Porte m'arrêterait? quelle muraille? L'eau
Odore l'eau, et moi je suis plus qu'elle-même liquide!
Comme elle dissout la terre et la pierre cimentée j'ai partout des intelligences!
L'eau qui a fait la terre la délie, l'esprit qui a fait la porte ouvre la serrure.
Et qu'est-ce que l'eau inerte à côté de l'esprit, sa puissance
Auprès de son activité, la matière au prix de l'ouvrier?
Je sens, je flaire, je débrouille, je dépiste, je respire avec un certain sens
La chose comment elle est faite! Et moi aussi je suis plein d'un dieu, je suis plein d'ignorance et de génie!
O forces à l'œuvre autour de moi,
J'en sais faire autant que vous, je suis libre, je suis violent, je suis libre à votre manière que les professeurs n'entendent pas!
Comme l'arbre au printemps nouveau chaque année
Invente, travaillé par son âme,
Le vert, le même qui est éternel, crée de rien sa feuille pointue,
Moi, l'homme,
Je sais ce que je fais,
De la poussée et de ce pouvoir même de naissance et de création
J'use, je suis maître,
Je suis au monde, j'exerce de toutes parts ma connaissance.

Je connais toutes choses et toutes choses se connaissent en moi.

J'apporte à toute chose sa délivrance.

Par moi

Aucune chose ne reste plus seule mais je l'associe à une autre dans mon cœur.

Ce n'est pas assez encore!

Que m'importe la porte ouverte, si je n'ai la clef?

Ma liberté, si je n'en suis le propre maître?

Je regarde toutes choses, et voyez tous que je n'en suis pas l'esclave, mais le dominateur.

Toute chose

Subit moins qu'elle n npose, forçant que l'on s'arrange d'elle, tout être nouveau

Une victoire sur les êtres qui étaient déjà!

Et vous qui êtes l'Être parfait, vous n'avez pas empêché que je ne sois aussi!

Vous voyez cet homme que je fais et cet être que je prends en vous.

O mon Dieu, mon être soupire vers le vôtre!

Délivrez-moi de moi-même! délivrez l'être de la condition!

Je suis libre, délivrez-moi de la liberté!

Je vois bien des manières de ne pas être, mais il n'y a qu'une manière seule

D'être, qui est d'être en vous, qui est vous-même!

L'eau

Appréhende l'eau, l'esprit odore l'essence.

Mon Dieu, qui avez séparé les eaux inférieures des eaux supérieures,

Mon cœur gémit vers vous, délivrez-moi de moi-même parce que vous êtes!

Qu'est-ce que cette liberté, et qu'ai-je à faire autre part ?
Il me faut vous soutenir.

Mon Dieu, je vois le parfait homme sur la croix, parfait sur le parfait Arbre.

Votre Fils et le nôtre, en votre présence et dans la nôtre cloué par les pieds et les mains de quatre clous,

Le cœur rompu en deux et les grandes Eaux ont pénétré jusqu'à son cœur !

Délivrez-moi du temps et prenez mon cœur misérable, prenez, mon Dieu, ce cœur qui bat !

Mais je ne puis forcer en cette vie

Vers vous à cause de mon corps et votre gloire est comme la résistance de l'eau salée !

La superficie de votre lumière est invincible et je ne puis trouver

Le défaut de vos éclatantes ténèbres !

Vous êtes là et je suis là.

Et vous m'empêchez de passer et moi aussi je vous empêche de passer.

Et vous êtes ma fin, et moi aussi je suis votre fin.

Et comme le ver le plus chétif se sert du soleil pour vivre et de la machine des planètes,

Ainsi pas un souffle de ma vie que je ne prenne à votre éternité.

Ma liberté est limitée par mon poste dans votre captivité et par mon ardente part au jeu !

Afin que pas ce rayon de votre lumière vie-créante qui m'était destiné n'échappe.

Et je tends les mains à gauche et à droite

Afin qu'aucune par moi

Lacune dans la parfaite enceinte qui est de vos créatures existe !

Il n'y a pas besoin que je sois mort pour que vous viviez !

Vous êtes en ce monde visible comme dans l'autre.
Vous êtes ici.
Vous êtes ici et je ne puis pas être autre part qu'avec vous.
Que m'arrive-t-il? car c'est comme si ce vieux monde était maintenant fermé.
Comme jadis lorsqu'apportée du ciel la tête au-dessus du temple,
La clé de voûte vint capter la forêt païenne.
O mon Dieu, je la vois, la clef maintenant qui délivre,
Ce n'est point celle qui ouvre, mais celle-là qui ferme!
Vous êtes ici avec moi!
Il est fermé par votre volonté comme par un mur et par votre puissance comme par une très forte enceinte!
Et voici que comme Ézéchiel autrefois avec le roseau de sept coudées et demie,
Je pourrais aux quatre points cardinaux relever les quatre dimensions de la Cité.
Il est fermé, et voici soudain que toutes choses à mes yeux
Ont acquis la proportion et la distance.
Voici que Jérusalem et Sion se sont embrassées comme deux sœurs, celle du Ciel
Et l'Exilée qui dans le fleuve Khobar lave le linge des sacrifices,
Et que l'Église terrestre vers sa Consort royale lève sa tête couronnée de tours!
Salut donc, ô monde nouveau à mes yeux, ô monde maintenant total!
O credo entier des choses visibles et invisibles, je vous accepte avec un cœur catholique!
Où que je tourne la tête
J'envisage l'immense octave de la Création!

Le monde s'ouvre et, si large qu'en soit l'empan, mon regard le traverse d'un bout à l'autre.

J'ai pesé le soleil ainsi qu'un gros mouton que deux hommes forts suspendent à une perche entre leurs épaules.

J'ai recensé l'armée des Cieux et j'en ai dressé état,

Depuis les grandes Figures qui se penchent sur le vieillard Océan

Jusqu'au feu le plus rare englouti dans le plus profond abîme,

Ainsi que le Pacifique bleu-sombre où le baleinier épie l'évent d'un souffleur comme un duvet blanc.

Vous êtes pris et d'un bout du monde jusqu'à l'autre autour de Vous

J'ai tendu l'immense rets de ma connaissance.

Comme la phrase qui prend aux cuivres

Gagne les bois et progressivement envahit les profondeurs de l'orchestre,

Et comme les éruptions du soleil

Se répercutent sur la terre en crises d'eau et en raz de marée,

Ainsi du plus grand Ange qui vous voit jusqu'au caillou de la route et d'un bout de votre création jusqu'à l'autre,

Il ne cesse point continuité, non plus que de l'âme au corps;

Le mouvement ineffable des Séraphins se propage aux Neuf ordres des Esprits,

Et voici le vent qui se lève à son tour sur la terre, le Semeur, le Moissonneur!

Ainsi l'eau continue l'esprit, et le supporte, et l'alimente,

Et entre

Toutes vos créatures jusqu'à vous il y a comme un lien liquide.

Je vous salue, ô monde libéral à mes yeux!
Je comprends par quoi vous êtes présent,
C'est que l'Éternel est avec vous, et qu'où est la Créature, le Créateur ne l'a point quittée.
Je suis en vous et vous êtes à moi et votre possession est la mienne.
Et maintenant en nous à la fin
Éclate le commencement,
Éclate le jour nouveau, éclate dans la possession de la source je ne sais quelle jeunesse angélique!
Mon cœur ne bat plus le temps, c'est l'instrument de ma perdurance,
Et l'impérissable esprit envisage les choses passantes.
Mais ai-je dit passantes? voici qu'elles recommencent.
Et mortelles? il n'y a plus de mort avec moi.
Tout être, comme il est un
Ouvrage de l'Éternité, c'est ainsi qu'il en est l'expression.
Elle est présente et toutes choses présentes se passent en elle.
Ce n'est point le texte nu de la lumière : voyez, tout est écrit d'un bout à l'autre :
On peut recourir au détail le plus drôle : pas une syllabe qui manque.
La terre, le ciel bleu, le fleuve avec ses bateaux et trois arbres soigneusement sur la rive,
La feuille et l'insecte sur la feuille, cette pierre que je soupèse dar ma main,
Le village avec tous ces gens à deux yeux à la fois qui parlent, tissent, marchandent, font du feu, portent

des fardeaux, complet comme un orchestre qui joue,
Tout cela est l'éternité et la liberté de ne pas être lui est retirée,
Je les vois avec les yeux du corps, je les produis dans mon cœur !
Avec les yeux du corps, dans le paradis je ne me servirai pas d'autres yeux que ceux-ci mêmes !
Est-ce qu'on dit que la mer a péri parce que l'autre vague déjà, et la troisième, et la décumane, succède
A celle-ci qui se résout triomphalement dans l'écume ?
Elle est contenue dans ses rivages et le
Monde dans ses limites, rien ne se perd en ce lieu qui est fermé,
Et la liberté est contenue dans l'amour,
Ébat
En toutes choses d'inventer l'approximation la plus exquise, toute beauté dans son insuffisance.
Je ne vous vois pas, mais je suis continu avec ces êtres qui vous voient.
On ne rend que ce que l'on a reçu.
Et comme toutes choses de vous
Ont reçu l'être, dans le temps elles restituent l'éternel.
Et moi aussi
J'ai une voix, et j'écoute, et j'entends le bruit qu'elle fait.
Et je fais l'eau avec ma voix, telle l'eau qui est l'eau pure, et parce qu'elle nourrit toutes choses, toutes choses se peignent en elle.
Ainsi la voix avec qui de vous je fais des mots éternels !
je ne puis rien nommer que d'éternel.
La feuille jaunit et le fruit tombe, mais la feuille dans mes vers ne périt pas,
Ni le fruit mûr, ni la rose entre les roses !
Elle périt, mais son nom dans l'esprit qui est mon esprit ne périt plus. La voici qui échappe au temps.

Et moi qui fais les choses éternelles avec ma voix, faites que je sois tout entier

Cette voix, une parole totalement intelligible!

Libérez-moi de l'esclavage et du poids de cette matière inerte!

Clarifiez-moi donc! dépouillez-moi de ces ténèbres exécrables et faites que je sois enfin

Toute cette chose en moi obscurément désirée.

Vivifiez-moi, selon que l'air aspiré par notre machine fait briller notre intelligence comme une braise!

Dieu qui avez soufflé sur le chaos, séparant le sec de l'humide,

Sur la Mer Rouge, et elle s'est divisée devant Moïse et Aaron,

Sur la terre mouillée, et voici l'homme,

Vous commandez de même à mes eaux, vous avez mis dans mes narines le même esprit de création et de figure.

Ce n'est point l'impur qui fermente, c'est le pur qui est semence de la vie.

Qu'est-ce que l'eau que le besoin d'être liquide

Et parfaitement clair dans le soleil de Dieu comme une goutte translucide?

Que me parlez-vous de ce bleu de l'air que vous liquéfiez? O que l'âme humaine est un plus précieux élixir!

Si la rosée rutile dans le soleil,

Combien plus l'escarboucle humaine et l'âme substantielle dans le rayon intelligible!

Dieu qui avez baptisé avec votre esprit le chaos

Et qui la veille de Pâques exorcisez par la bouche de votre prêtre la font païenne avec la lettre psi,

Vous ensemencez avec l'eau baptismale notre eau humaine

Agile, glorieuse, impassible, impérissable!
L'eau qui est claire voit par notre œil et sonore entend par notre oreille et goûte
Par la bouche vermeille abreuvée de la sextuple source,
Et colore notre chair et façonne notre corps plastique.
Et comme la goutte séminale féconde la figure mathématique, départissant
L'amorce foisonnante des éléments de son théorème,
Ainsi le corps de gloire désire sous le corps de boue, et la nuit
D'être dissoute dans la visibilité!

Mon Dieu, ayez pitié de ces eaux désirantes!
Mon Dieu, vous voyez que je ne suis pas seulement esprit, mais eau! ayez pitié de ces eaux en moi qui meurent de soif!
Et l'esprit est désirant, mais l'eau est la chose désirée.
O mon Dieu, vous m'avez donné cette minute de lumière à voir,
Comme l'homme jeune pensant dans son jardin au mois d'août qui voit par intervalles tout le ciel et la terre d'un seul coup,
Le monde d'un seul coup tout rempli par un grand coup de foudre doré!
O fortes étoiles sublimes et quel fruit entr'aperçu dans le noir abîme! ô flexion sacrée du long rameau de la Petite-Ourse!
Je ne mourrai pas.
Je ne mourrai pas, mais je suis immortel!
Et tout meurt, mais je croîs comme une lumière plus pure!
Et, comme ils font mort de la mort, de son extermination je fais mon immortalité.

Que je cesse entièrement d'être obscur! Utilisez-moi!
Exprimez-moi dans votre main paternelle!
Sortez enfin
Tout le soleil qu'il y a en moi et capacité de votre lumière, que je vous voie
Non plus avec les yeux seulement, mais avec tout mon corps et ma substance et la somme de ma quantité resplendissante et sonore!
L'eau divisible qui fait la mesure de l'homme
Ne perd pas sa nature qui est d'être liquide
Et parfaitement pure par quoi toutes choses se reflètent en elle.
Comme ces eaux qui portèrent Dieu au commencement,
Ainsi ces eaux hypostatiques en nous
Ne cessent de le désirer, il n'est désir que de lui seul!
Mais ce qu'il y a en moi de désirable n'est pas mûr.
Que la nuit soit donc en attendant mon partage où lentement se compose de mon âme
La goutte prête à tomber dans sa plus grande lourdeur.
Laissez-moi vous faire une libation dans les ténèbres,
Comme la source montagnarde qui donne à boire à l'Océan avec sa petite coquille!

Mon Dieu qui connaissez chaque homme avant qu'il ne naisse par son nom,
Souvenez-vous de moi alors que j'étais caché dans la fissure de la montagne,
Là où jaillissent les sources d'eau bouillante et de ma main sur la paroi colossale de marbre blanc!
O mon Dieu quand le jour s'éteint et que Lucifer tout seul apparaît à l'Orient,
Nos yeux seulement, ce ne sont pas nos yeux seulement, notre cœur, notre cœur acclame l'étoile inextinguible,

Nos yeux vers sa lumière, nos eaux vers l'éclat de cette goutte glorifiée!

Mon Dieu, si vous avez placé cette rose dans le ciel, doué

De tant de gloire ce globule d'or dans le rayon de la lumière créée,

Combien plus l'homme immortel animé de l'éternelle intelligence!

Ainsi la vigne sous ses grappes traînantes, ainsi l'arbre fruitier dans le jour de sa bénédiction,

Ainsi l'âme immortelle à qui ce corps périssant ne suffit point!

Si le corps exténué désire le vin, si le cœur adorant salue l'étoile retrouvée,

Combien plus à résoudre l'âme désirante ne vaut point l'autre âme humaine?

Et moi aussi, je l'ai donc trouvée à la fin, la mort qu'il me fallait! J'ai connu cette femme. J'ai connu l'amour de la femme.

J'ai possédé l'interdiction. J'ai connu cette source de soif!

J'ai voulu l'âme, la savoir, cette eau qui ne connaît point la mort! J'ai tenu entre mes bras l'astre humain!

O amie, je ne suis pas un dieu,

Et mon âme, je ne puis te la partager et tu ne peux me prendre et me contenir et me posséder.

Et voici que, comme quelqu'un qui se détourne, tu m'as trahi, tu n'est plus nulle part, ô rose!

Rose, je ne verrai plus votre visage en cette vie!

Et me voici tout seul au bord du torrent, la face contre terre,

Comme un pénitent au pied de la montagne de Dieu, les bras en croix dans le tonnerre de la voix rugissante!

Voici les grandes larmes qui sortent!

Et je suis là comme quelqu'un qui meurt, et qui étouffe et qui a mal au cœur, et toute mon âme hors de moi jaillit comme un grand jet d'eau claire!
Mon Dieu,
Je me vois et je me juge, et je n'ai plus aucun prix pour moi-même.
Vous m'avez donné la vie : je vous la rends; je préfère que vous repreniez tout.
Je me vois enfin! et j'en ai désolation, et la douleur intérieure en moi ouvre tout comme un œil liquide.
O mon Dieu, je ne veux plus rien, et je vous rends tout, et rien n'a plus de prix pour moi,
Et je ne vois plus que ma misère, et mon néant, et ma privation, et cela du moins est à moi!
Maintenant jaillissent
Les sources profondes, jaillit mon âme salée, éclate en un grand cri la poche profonde de la pureté séminale!
Maintenant je me suis parfaitement clair, tout
Amèrement clair, et il n'y a plus rien en moi
Qu'une parfaite privation de Vous seul!

Et maintenant de nouveau après le cours d'une année,
Comme le moissonneur Habacuc que l'Ange apporta à Daniel sans qu'il eût lâché l'anse de son panier,
L'esprit de Dieu m'a ravi tout d'un coup par-dessus le mur et me voici dans ce pays inconnu.
Où est le vent maintenant? où est la mer? où la route qui m'a mené jusqu'ici!
Où sont les hommes? il n'y a plus rien que le ciel toujours pur. Où est l'ancienne tempête?
Je prête l'oreille : et il n'y a plus que cet arbre qui frémit.
J'écoute : et il n'y a plus que cette feuille insistante.

Je sais que la lutte est finie. Je sais que la tempête est finie !

Il y a eu le passé, mais il n'est plus. Je sens sur ma face un souffle plus froid.

Voici de nouveau la Présence, l'effrayante solitude, et soudain le souffle de nouveau sur ma face.

Seigneur ma vigne est en ma présence et je vois que ma délivrance ne peut plus m'échapper.

Celui qui connaît la délivrance, il se rit maintenant de tous les liens, et qui comprendra le rire qu'il a dans son cœur ?

Il regarde toutes choses et rit.

Seigneur, il fait bon pour nous en ce lieu, que je ne retourne pas à la vue des hommes.

Mon Dieu, dérobez-moi à la vue de tous les hommes, que je ne sois plus connu d'aucun d'eux,

Et comme de l'étoile éternelle

Sa lumière, qu'il ne reste plus rien de moi que la voix seule.

Le verbe intelligible et la parole *exprimée* et la voix qui est l'esprit et l'eau !

Frère, je ne puis vous donner mon cœur, mais où la matière ne sert point vaut et va la parole subtile

Qui est moi-même avec une intelligence éternelle.

Écoute, mon enfant, et incline vers moi la tête, et je te donnerai mon âme.

Il y a bien des bruits dans le monde et cependant l'amant au cœur déchiré entend seul au haut de l'arbre le frémissement de la feuille sibylline.

Ainsi entre les voix humaines quelle est celle-ci qui n'est ni plus basse ni haute ?

Pourquoi donc seul l'entends-tu ? Parce que seule soumise à une mesure divine !

Parce qu'elle n'est tout entière que mesure même,
La mesure sainte, libre, toute-puissante, créatrice!
Ah, je le sens, l'esprit ne cesse point d'être porté sur les eaux!
Rien, mon frère, et toi-même,
N'existe que par une proportion ineffable et le juste nombre sur les eaux infiniment divisibles!
Écoute, mon enfant, et ne me ferme point ton cœur, et accueille
L'invasion de la voix raisonnable, en qui est la libération de l'eau et de l'esprit, par qui sont
Expliqués et résolus tous les liens!
Ce n'est point la leçon d'un maître, ni le devoir qu'on donne à apprendre,
C'est un aliment invisible, c'est la mesure qui est au-dessus de toute parole,
C'est l'âme qui reçoit l'âme et toutes choses en toi sont devenues claires.
La voici donc au seuil de ma maison, la Parole qui est comme une jeune fille éternelle!
Ouvre la porte! et la Sagesse de Dieu est devant toi comme une tour de gloire et comme une reine couronnée!
O ami, je ne suis point un homme ni une femme, je suis l'amour qui est au-dessus de toute parole!
Je vous salue, mon frère bien-aimé.
Ne me touchez point! ne cherche pas à prendre ma main.

Pékin, 1906.

Troisième Ode

Magnificat

ARGUMENT

Le poëte se souvient des bienfaits de Dieu et élève vers lui un cantique de reconnaissance. — Parce que vous m'avez délivré des Idoles. Solennité et magnificence des choses réelles qui sont un spectacle d'activité; tout sert. Le poëte demande sa place parmi les serviteurs. — Parce que vous m'avez délivré de la mort. Horreur et exécration d'une philosophie abrutissante et homicide. Embrassement du devoir poétique qui est de trouver Dieu en toutes choses et de les rendre assimilables à l'Amour. — Pause. Lassitude des choses créées. Soumission pure et simple à la volonté et à l'ordination divines. — Soyez béni, mon Dieu, qui m'avez délivré de moi-même et qui vous êtes vous-même placé entre mes bras sous la figure de ce petit enfant nouveau-né. Le poëte apportant Dieu, entre dans la Terre Promise.

Mon âme magnifie le Seigneur.

O les longues rues amères autrefois et le temps où j'étais seul et un!

La marche dans Paris, cette longue rue qui descend vers Notre-Dame!

Alors comme le jeune athlète qui se dirige vers l'Ovale au milieu du groupe empressé de ses amis et de ses entraîneurs,

Et celui-ci lui parle à l'oreille, et, le bras qu'il abandonne, un autre rattache la bande qui lui serre les tendons,

Je marchais parmi les pieds précipités de mes dieux!

Moins de murmures dans la forêt à la Saint-Jean d'été,

Il est un moins nombreux ramage en Damas quand au récit des eaux qui descendent des monts en tumulte

S'unit le soupir du désert et l'agitation au soir des hauts platanes dans l'air ventilé,

Que de paroles dans ce jeune cœur comblé de désirs!

O mon Dieu, un jeune homme et le fils de la femme vous est plus agréable qu'un jeune taureau!

Et je fus devant vous comme un lutteur qui plie,

Non qu'il se croie faible, mais parce que l'autre est plus fort.

Vous m'avez appelé par mon nom

Comme quelqu'un qui le connaît, vous m'avez choisi entre tous ceux de mon âge.

O mon Dieu, vous savez combien le cœur des jeunes gens est plein d'affection et combien il ne tient pas à sa souillure et à sa vanité!

Et voici que vous êtes quelqu'un tout à coup!

Vous avez foudroyé Moïse de votre puissance, mais vous êtes à mon cœur ainsi qu'un être sans péché.

O que je suis bien le fils de la femme! car voici que la raison, et la leçon des maîtres, et l'absurdité, tout cela ne tient pas un rien

Contre la violence de mon cœur et contre les mains tendues de ce petit enfant!

O larmes! ô cœur trop faible! ô mine des larmes qui saute!

Venez, fidèles, et adorons cet enfant nouveau-né.

Ne me croyez pas votre ennemi! Je ne comprends

point, et je ne vois point, et je ne sais point où vous êtes. Mais je tourne vers vous ce visage couvert de pleurs.

Qui n'aimerait celui qui vous aime? Mon esprit a exulté dans mon Sauveur. Venez, fidèles, et adorons ce petit qui nous est né.

— Et maintenant je ne suis plus un nouveau venu, mais un homme dans le milieu de sa vie, sachant,

Qui s'arrête et qui se tient debout en grande force et patience et qui regarde de tous côtés.

Et de cet esprit et bruit que vous avez mis en moi,

Voici que j'ai fait beaucoup de paroles et d'histoires inventées, et personnes ensemble dans mon cœur avec leurs voix différentes.

Et maintenant, suspendu le long débat,

Voici que je m'entends vers vous tout seul un autre qui commence

A chanter avec la voix plurielle comme le violon que l'archet prend sur la double corde.

Puisque je n'ai rien pour séjour ici que ce pan de sable et la vue jamais interrompue sur les sept sphères de cristal superposées,

Vous êtes ici avec moi, et je m'en vais faire à loisir pour vous seul un beau cantique, comme un pasteur sur le Carmel qui regarde un petit nuage.

En ce mois de décembre et dans cette canicule du froid, alors que toute étreinte est resserrée et raccourcie, et cette nuit même toute brillante,

L'esprit de joie ne m'entre pas moins droit au corps

Que lorsque parole fut adressée à Jean dans le désert sous le pontificat de Caïphe et d'Anne, Hérode

Étant tétrarque de Galilée, et Philippe son frère de l'Iturée et de la région Trachonitide, et Lysanias d'Abilène.

Mon Dieu, qui nous parlez avec les paroles mêmes que nous vous adressons,

Vous ne méprisez pas plus ma voix en ce jour que celle d'aucun de vos enfants ou de Marie même votre servante,

Quand dans l'excès de son cœur elle s'écria vers vous parce que vous avez considéré son humilité!

O mère de mon Dieu! ô femme entre toutes les femmes!

Vous êtes donc arrivée après ce long voyage jusqu'à moi! et voici que toutes les générations en moi jusqu'à moi vous ont nommée bienheureuse!

Ainsi dès que vous entrez Élisabeth prête l'oreille,

Et voici déjà le sixième mois de celle qui était appelée stérile.

O combien mon cœur est lourd de louanges et qu'il a de peine à s'élever vers Vous,

Comme le pesant encensoir d'or tout bourré d'encens et de braise,

Qui un instant volant au bout de sa chaîne déployée

Redescend, laissant à sa place

Un grand nuage dans le rayon de soleil d'épaisse fumée!

Que le bruit se fasse voix et que la voix en moi se fasse parole!

Parmi tout l'univers qui bégaie, laissez-moi préparer mon cœur comme quelqu'un qui sait ce qu'il a à dire,

Parce que cette profonde exultation de la Créature n'est pas vaine, ni ce secret que gardent les Myriades célestes en une exacte vigile;

Que ma parole soit équivalente à leur silence!

Ni cette bonté des choses, ni ce frisson des roseaux creux, quand de ce vieux tumulus entre la Caspienne et l'Aral,

Le Roi Mage fut témoin d'une grande préparation dans les astres.

Mais que je trouve seulement la parole juste, que 'exhale seulement

Cette parole de mon cœur, l'ayant trouvée, et que je meure ensuite, l'ayant dite, et que je penche ensuite

La tête sur ma poitrine, l'ayant dite, comme le vieux prêtre qui meurt en consacrant!

Soyez béni, mon Dieu, qui m'avez délivré des idoles,

Et qui faites que je n'adore que Vous seul, et non point Isis et Osiris,

Ou la Justice, ou le Progrès, ou la Vérité, ou la Divinité, ou l'Humanité, ou les Lois de la Nature, ou l'Art, ou la Beauté,

Et qui n'avez pas permis d'exister à toutes ces choses qui ne sont pas, ou le Vide laissé par votre absence.

Comme le sauvage qui se bâtit une pirogue et qui de cette planche en trop fabrique Apollon,

Ainsi tous ces parleurs de paroles du surplus de leurs adjectifs se sont fait des monstres sans substance,

Plus creux que Moloch, mangeurs de petits enfants, plus cruels et plus hideux que Moloch.

Ils ont un son et point de voix, un nom et il n'y a point de personne,

Et l'esprit immonde est là, qui remplit les lieux déserts et toutes les choses vacantes.

Seigneur, vous m'avez délivré des livres et des Idées, des Idoles et de leurs prêtres,

Et vous n'avez point permis qu'Israël serve sous le joug des Efféminés.

Je sais que vous n'êtes point le dieu des morts, mais des vivants.

Je n'honorerai point les fantômes et les poupées, ni

Diane, ni le Devoir, ni la Liberté et le bœuf Apis.

Et vos « génies », et vos « héros », vos grands hommes et vos surhommes, la même horreur de tous ces défigurés.

Car je ne suis pas libre entre les morts,

Et j'existe parmi les choses qui sont et je les contrains à m'avoir indispensable.

Et je désire de n'être supérieur à rien, mais un homme *juste*,

Juste comme vous êtes parfait, juste et vivant parmi les autres esprits réels.

Que m'importent vos fables! Laissez-moi seulement aller à la fenêtre et ouvrir la nuit et éclater à mes yeux en un chiffre simultané

L'innombrable comme autant de zéros après le 1 coefficient de ma nécessité!

Il est vrai! Vous nous avez donné la Grande Nuit après le jour et la réalité du ciel nocturne.

Comme je suis là, il est là avec les milliards de sa présence,

Et il nous donne signature sur le papier photographique avec les 6 000 Pléiades,

Comme le criminel avec le dessin de son pouce enduit d'encre sur le procès-verbal.

Et l'observateur cherche et trouve les pivots et les rubis, Hercule ou Alcyone, et les constellations

Pareilles à l'agrafe sur l'épaule d'un pontife et à de grands ornements chargés de pierres de diverses couleurs.

Et çà et là aux confins du monde où le travail de la création s'achève, les nébuleuses,

Comme, quand la mer violemment battue et remuée

Revient au calme, voici encore de tous côtés l'écume et de grandes plaques de sel trouble qui montent.

Ainsi le chrétien dans le ciel de la foi sent palpiter la Toussaint de tous ses frères vivants.

Seigneur, ce n'est point le plomb ou la pierre ou le bois pourrissant que vous avez enrôlé à votre service,

Et nul homme ne se consolidera dans la figure de celui qui a dit : *Non serviam!*

Ce n'est point mort qui vainc la vie, mais vie qui détruit la mort et elle ne peut tenir contre elle!

Vous avez jeté bas les idoles,

Vous avez déposé tous ces puissants de leur siège, et vous avez voulu pour serviteurs la flamme elle-même du feu!

Comme dans un port quand la débâcle arrive on voit la noire foule des travailleurs couvrir les quais et s'agiter le long des bateaux,

Ainsi les étoiles fourmillantes à mes yeux et l'immense ciel actif!

Je suis pris et ne peux m'échapper, comme un chiffre prisonnier de la somme.

Il est temps! A la tâche qui m'est départie l'éternité seule peut suffire.

Et je sais que je suis responsable, et je crois en mon maître ainsi qu'il croit en moi.

J'ai foi en votre parole et je n'ai pas besoin de papier.

C'est pourquoi rompons les liens des rêves, et foulons aux pieds les idoles, et embrassons la croix avec la croix.

Car l'image de la mort produit la mort, et l'imitation de la vie

La vie, et la vision de Dieu engendre la vie éternelle.

Soyez béni, mon Dieu, qui m'avez délivré de la mort!
Ainsi, la face dévoilée, à grands cris,
Chanta Marie, sœur de Moïse,
Sur l'autre bord de la mer qui avait englouti Pharaon,
Parce que voici la mer derrière nous!

Parce que vous avez recueilli Israël votre enfant, vous étant recordé votre miséricorde,

Et que vous avez fait monter vers vous en lui tendant la main cet humilié comme un homme qui sort de la fosse.

Derrière nous la mer confuse aux flots entrechoqués,

Mais votre peuple à pied sec la traverse par le chemin le plus court derrière Moïse et Aaron.

La mer derrière nous et devant nous le désert de Dieu et les montagnes horribles dans les éclairs,

Et la montagne dans l'éclair qui la montre et qui l'absorbe tour à tour a l'air de sauter comme un bélier,

Comme un poulain qui se débat sous le poids d'un homme trop lourd!

Derrière nous la mer qui a englouti le Persécuteur, et le cheval avec l'homme armé comme un lingot de plomb est descendu dans la profondeur!

Telle l'ancienne Marie, et telle dans le petit jardin d'Hébron

Frémit l'autre Marie en elle-même quand elle vit les yeux de sa cousine qui lui tendait les mains

Et que l'attente d'Israël comprit qu'elle était celle-là!

Et moi comme vous avez retiré Joseph de la citerne et Jérémie de la basse-fosse,

C'est ainsi que vous m'avez sauvé de la mort et que je m'écrie à mon tour,

Parce qu'il m'a été fait des choses grandes et que le Saint est son nom!

Vous avez mis dans mon cœur l'horreur de la mort, mon âme n'a point tolérance de la mort!

Savants, épicuriens, maîtres du noviciat de l'Enfer, praticiens de l'Introduction au Néant,

Brahmes, bonzes, philosophes, tes conseils, Égypte! vos conseils,

Vos méthodes et vos démonstrations et votre discipline,
Rien ne me réconcilie, je suis vivant dans votre nuit abominable, je lève mes mains dans le désespoir, je lève les mains dans la transe et le transport de l'espérance sauvage et sourde !
Qui ne croit plus en Dieu, il ne croit plus en l'Être, et qui hait l'Être, il hait sa propre existence.
Seigneur, je vous ai trouvé.
Qui vous trouve, il n'a plus tolérance de la mort,
Et il interroge toute chose avec vous et cette intolérance de la flamme que vous avez mise en lui !
Seigneur, vous ne m'avez pas mis à part comme une fleur de serre,
Comme le moine noir sous la coule et le capuchon qui fleurit chaque matin tout en or pour la messe au soleil levant,
Mais vous m'avez planté au plus épais de la terre
Comme le sec et tenace chiendent invincible qui traverse l'antique lœss et les couches de sable superposées.
Seigneur, vous avez mis en moi un germe non point de mort, mais de lumière ;
Ayez patience avec moi parce que je ne suis pas un de vos saints
Qui broient par la pénitence l'écorce amère et dure,
Mangés d'œuvres de toutes parts comme un oignon par ses racines ;
— Si faible qu'on le croit éteint ! Mais le voici de nouveau opérant, et il ne cesse de faire son œuvre et chimie en grande patience et temps.
Car ce n'est pas de ce corps seul qu'il me faut venir à bout, mais de ce monde brut tout entier, fournir
De quoi comprendre et le dissoudre et l'assimiler
En vous et ne plus voir rien

Réfractaire à votre lumière en moi !

Car il y en a par les yeux et par les oreilles qui voient et qui entendent,

Mais pour moi c'est par l'esprit seul que je regarde et que j'écoute.

Je verrai avec cette lumière ténébreuse !

Mais que m'importe toute chose vue au regard de l'œil qui me la fait visible,

Et la vie que je reçois, si je ne la donne, et tout cela à quoi je suis étranger,

Et toute chose qui est autre chose que vous-même,

Et cette mort auprès de votre Vie, que nous appelons ma vie !

Je suis las de la vanité ! Vous voyez que je suis soumis à la vanité, ne le voulant pas !

D'où vient que je considère vos œuvres sans plaisir ?

Ne me parlez plus de la rose ! aucun fruit n'a plus de goût pour moi.

Qu'est cette mort que vous m'avez ôtée à côté de la vérité de votre présence

Et de ce néant indestructible qui est moi

Avec quoi il me faut vous supporter ?

O longueur du temps ! Je n'en puis plus et je suis comme quelqu'un qui appuie la main contre le mur.

Le jour suit le jour, mais voici le jour où le soleil s'arrête.

Voici la rigueur de l'hiver, adieu, ô bel été, la transe et le saisissement de l'immobilité.

Je préfère l'absolu. Ne me rendez pas à moi-même.

Voici le froid inexorable, voici Dieu seul !

En vous je suis antérieur à la mort ! — Et déjà voici l'année qui recommence.

Jadis j'étais avec mon âme comme avec une grande forêt

Que l'on ne cesse point d'entendre dès que l'on cesse de parler, un peuple de plus de voix murmurantes que n'en ont l'Histoire et le Roman,

(Et tantôt c'est le matin, ou c'est Dimanche et l'on entend une cloche chez les hommes.)

Mais maintenant les vents alternatifs se sont tus et les feuilles elles-mêmes autour de moi descendent en masses épaisses.

Et j'essaye de parler à mon âme : *O mon âme, tous ces pays que nous avons vus,*

Et tous ces gens, et les mers combien de fois traversées !

Et elle est comme quelqu'un qui sait et qui préfère ne pas répondre.

Et de tous ces ennemis du Christ autour de nous : *Prends tes armes, ô guerrière !*

Mais moi comme un enfant qui agace le petit scorpion hideux avec une paille, cela ne va pas jusqu'à son attention.

« *Paix ! réjouis-toi !*

Et dis : autrement que par des paroles mon âme magnifie le Seigneur !

Elle demande à cesser d'être une limite, elle refuse d'être à sa sainte volonté aucun obstacle.

Il le faut, ce n'est plus l'été ! et il n'y a plus de verdure, ni aucune chose qui passe, mais Dieu seul.

Et regarde, et vois la campagne dépouillée ; et la terre de toutes parts dénuée, comme un vieillard qui n'a point fait le mal !

La voici solennellement à la ressemblance de la mort qui va recevoir pour le labeur d'une autre année ordination,

Comme le prêtre couché sur la face entre ses deux assistants, comme un diacre qui va recevoir l'ordre suprême,

Et la neige sur elle descend comme une absolution. »

Et je sais, et je me souviens,

Et je revois cette forêt, le lendemain de Noël, avant que le soleil ne fût haut,

Tout était blanc, comme un prêtre vêtu de blanc dont on ne voit que les mains qui ont la couleur de l'aurore,

(Tout le bois comme pris dans l'épaisseur et la matière d'un verre obscur),

Blanc depuis le tronc jusqu'aux plus fines ramilles et la couleur même

Du rose des feuilles mortes et le vert amande des pins,

(L'air pendant les longues heures de paix et nuit décantant comme un vin tranquille),

Et le long fil d'araignée chargé de duvet rend témoignage à la récollection de l'orante.

« *Qui participe aux volontés de Dieu, il faut qu'il participe à son silence.*

Sois avec moi tout entier. Taisons-nous ensemble à tous les yeux!

Qui donne la vie, il faut qu'il accepte la mort. »

Soyez béni, mon Dieu, qui m'avez délivré de moi-même,

Et qui faites que je ne place pas mon bien en moi-même et l'étroit cachot où Thérèse vit les damnés emmaçonnés,

Mais dans votre volonté seule,

Et non pas dans aucun bien, mais dans votre volonté seule.

Heureux non pas qui est libre, mais celui que vous déterminez comme une flèche dans le carquois!

Mon Dieu, qui au principe de tout et de vous-même avez mis la paternité,

Soyez béni parce que vous m'avez donné cet enfant,

Et posé avec moi de quoi vous rendre cette vie que vous m'avez donnée,

Et voici que je suis son père avec Vous.

Ce n'est pas moi qui engendre, ce n'est pas moi qui suis engendré.

Soyez béni parce que vous ne m'avez pas abandonné à moi-même,

Mais parce que vous m'avez accepté comme une chose qui sert et qui est bonne pour la fin que vous vous proposez.

Voici que vous n'avez plus peur de moi comme de ces orgueilleux et de ces riches que vous avez renvoyés vides.

Vous avez mis en moi votre puissance qui est celle de votre humilité par qui vous vous anéantissez devant vos œuvres,

En ce jour de ses générations où l'homme se souvient qu'il est terre, et voici que je suis devenu avec vous un principe et un commencement.

Comme vous avez eu besoin de Marie et Marie de la ligne de tous ses ancêtres,

Avant que son âme ne vous magnifiât et que vous ne reçussiez d'elle grandeur aux yeux des hommes,

C'est ainsi que vous avez eu besoin de moi à mon tour, c'est ainsi que vous avez voulu, ô mon maître,

Recevoir de moi la vie comme entre les doigts du prêtre qui consacre, et vous placer vous-même en cette image réelle entre mes bras!

Soyez béni parce que je ne demeure point unique,

Et que de moi il est sorti existence, et suscitation de mon immortel enfant, et que de moi à mon tour en cette image réelle pour jamais, d'une âme jointe avec un corps,

Vous avez reçu figure et dimension.

Voici que je ne tiens pas une pierre entre mes bras, mais ce petit homme criant qui agite les bras et les jambes.

Me voici rejoint à l'ignorance et aux générations de

la nature et ordonné pour une fin qui m'est étrangère.

C'est donc vous, nouvelle-venue, et je puis vous regarder à la fin.

C'est vous, mon âme, et je puis voir à la fin votre visage,

Comme un miroir qui vient d'être retiré à Dieu, nu de toute autre image encore.

De moi-même il naît quelque chose d'étranger,

De ce corps il naît une âme, et de cet homme extérieur et visible

Je ne sais quoi de secret et de féminin avec une étrange ressemblance.

O ma fille! ô petite enfant pareille à mon âme essentielle et à qui pareil redevenir il faut

Lorsque désir sera purgé par le désir!

Soyez béni, mon Dieu, parce qu'à ma place il naît un enfant sans orgueil,

(Ainsi dans le livre au lieu du poëte puant et dur

L'âme virginale sans défense et sans corps entièrement donnante et accueillie),

Il naît de moi quelque chose de nouveau avec une étrange ressemblance!

A moi et à la touffe profonde de tous mes ancêtres avant moi il commence un être nouveau.

Nous étions exigés selon l'ordre de nos générations

Pour qu'à cette espéciale volonté de Dieu soient préparés le sang et la chair.

Qui es-tu, nouvelle-venue, étrangère? et que vas-tu faire de ces choses qui sont à nous?

Une certaine couleur de nos yeux, une certaine position de notre cœur.

O enfant né sur un sol étranger! ô petit cœur de rose! ô petit paquet plus fraîche qu'un gros bouquet de lilas blancs!

Il attend pour toi deux vieillards dans la vieille maison natale toute fendue, raccommodée avec des bouts de fer et des crochets.

Il attend pour ton baptême les trois cloches dans le même clocher qui ont sonné pour ton père, pareilles à des anges et à des petites filles de quatorze ans,

A dix heures lorsque le jardin embaume et que tous les oiseaux chantent en français!

Il attend pour toi cette grosse planète au-dessus du clocher qui est dans le ciel étoilé comme un *Pater* parmi les petits *Ave*,

Lorsque le jour s'éteint et que l'on commence à compter au-dessus de l'église deux faibles étoiles pareilles aux vierges Patience et Évodie!

Maintenant entre moi et les hommes il y a ceci de changé que je suis père de l'un d'entre eux.

Celui-là ne hait point la vie qui l'a donnée et il ne dira pas qu'il ne comprend point.

Comme nul homme n'est de lui-même il n'est pas pour lui-même.

La chair crée la chair, et l'homme l'enfant qui n'est pas pour lui, et l'esprit

La parole adressée à d'autres esprits.

Comme la nourrice encombrée de son lait débordant, ainsi le poëte de cette parole en lui à d'autres adressée.

O dieux sans prunelle des anciens où ne se reflète point la petite poupée! Apollon Loxias aux genoux vainement embrassés!

O Tête d'Or au croisement des routes, voici que tu as autre chose au suppliant à épancher que ton sang vain et le serment sur la pierre celtique!

Le sang s'unit au sang, l'esprit épouse l'esprit,

Et l'idée sauvage la pensée écrite, et la passion païenne la volonté raisonnable et ordonnée.

Qui croit en Dieu, il en est l'accrédité. Qui a le Fils, il a le Père avec lui. Étreins le texte vivant et ton Dieu invincible dans ce document qui respire!

Prends ce fruit qui t'appartient et ce mot à toi seul adressé.

Heureux qui porte la vie des autres en lui et non point leur mort, comme un fruit qui mûrit dans le temps et lieu, et votre pensée en lui créatrice!

Il est comme un père qui partage sa substance entre ses enfants,

Et comme un arbre saccagé dont on n'épargne aucun fruit, et par qui magnificence est à Dieu qui remplit les ayants-faim de biens!

Soyez béni, mon Dieu, qui m'avez introduit dans cette terre de mon après-midi,

Comme Vous avez fait passer les Rois Mages à travers l'embûche des tyrans et comme Vous avez introduit Israël dans le désert,

Et comme après la longue et sévère montée un homme ayant trouvé le col redescend par l'autre versant.

Moïse mourut sur le sommet de la montagne, mais Josué entra dans la terre promise avec tout son peuple.

Après la longue montée, après les longues étapes dans la neige et dans la nuée,

Il est comme un homme qui commence à descendre, tenant de la main droite son cheval par le bridon.

Et ses femmes sont avec lui en arrière sur les chevaux et les ânes, et les enfants dans les bâts et le matériel de la guerre et du campement, et les Tables de la Loi sont par derrière,

Et il entend derrière lui dans le brouillard le bruit de tout un peuple qui marche.

Et voici qu'il voit le soleil levant à la hauteur de son genou comme une tache rose dans le coton,
Et que la vapeur s'amincit et que tout à coup
Toute la Terre Promise lui apparaît dans une lumière éclatante comme une pucelle neuve,
Toute verte et ruisselante d'eaux comme une femme qui sort du bain!
Et l'on voit çà et là du fond du gouffre dans l'air humide paresseusement s'élever de grandes vapeurs blanches,
Comme des îles qui larguent leurs amarres, comme des géants chargés d'outres!
Pour lui il n'y a ni surprise ni curiosité sur sa face, et il ne regarde même point Chanaan mais le premier pas à faire pour descendre.
Car son affaire n'est point d'entrer dans Chanaan, mais d'exécuter Votre volonté.
C'est pourquoi suivi de tout son peuple en marche il émerge dans le soleil levant!
Il n'a pas eu besoin de Vous voir sur le Sinaï, il n'y a point de doute et d'hésitation dans son cœur,
Et les choses qui ne sont point dans Votre commandement sont pour lui comme la nullité.
Il n'y a point de beauté pour lui dans les idoles, il n'y a point d'intérêt dans Satan, il n'y a point d'existence dans ce qui n'est pas.
Avec la même humilité dont il arrêta le soleil,
Avec la même modestie dont il mesura qui lui était livrée
(Neuf et demie au delà et deux tribus et demie en deçà du Jourdain),
Cette terre de Votre promesse sensible,
Laissez-moi envahir Votre séjour intelligible à cette heure postméridienne!

Car qu'est aucune prise et jouissance et propriété et aménagement

Auprès de l'intelligence du poëte qui fait de plusieurs choses ensemble une seule avec lui,

Puisque comprendre, c'est refaire

La chose même que l'on a prise avec soi.

Restez avec moi, Seigneur, parce que le soir approche et ne m'abandonnez pas!

Ne me perdez point avec les Voltaire, et les Renan, et les Michelet, et les Hugo, et tous les autres infâmes!

Leur âme est avec les chiens morts, leurs livres sont joints au fumier.

Ils sont morts, et leur nom même après leur mort est un poison et une pourriture.

Parce que vous avez dispersé les orgueilleux et ils ne peuvent être ensemble,

Ni comprendre, mais seulement détruire et dissiper, et mettre les choses ensemble.

Laissez-moi voir et entendre toutes choses avec la parole

Et saluer chacune par son nom même avec la parole qui l'a fait.

Vous voyez cette terre qui est votre créature innocente. Délivrez-la du joug de l'infidèle et de l'impur et de l'Amorrhéen! car c'est pour Vous et non pas pour lui qu'elle est faite.

Délivrez-la par ma bouche de cette louange qu'elle Vous doit, et comme l'âme païenne qui languit après le baptême, qu'elle reçoive de toutes parts l'autorité et l'Évangile!

Comme les eaux qui s'élèvent de la solitude fondent dans un roulement de tonnerre sur les champs désaltérés,

Et comme quand approche cette saison qu'annonce le vol criard des oiseaux,

Le laboureur de tous côtés s'empresse à curer le fossé et l'arroyo, à relever les digues, et ouvrir son champ motte à motte avec le soc et la bêche,

Ainsi comme j'ai reçu nourriture de la terre, qu'elle reçoive à son tour la mienne ainsi qu'une mère de son fils,

Et que l'aride boive à pleins bords la bénédiction par toutes les ouvertures de sa bouche ainsi qu'une eau cramoisie,

Ainsi qu'un pré profond qui boit toutes vannes levées, comme l'oasis et la huerta par la racine de son blé, et comme la femme Égypte au double flanc de son Nil!

Bénédiction sur la terre! bénédiction de l'eau sur les eaux! bénédiction sur les cultures! bénédiction sur les animaux selon la distinction de leur espèce!

Bénédiction sur tous les hommes! accroissement et bénédiction sur l'œuvre des bons! accroissement et bénédiction sur l'œuvre des méchants!

Ce n'est pas l'Invitatoire de Matines, ni le *Laudate* dans l'ascension du soleil et le cantique des Enfants dans la fournaise!

Mais c'est l'heure où l'homme s'arrête et considère ce qu'il a fait lui-même et son œuvre conjointe à celle de la journée,

Et tout le peuple en lui s'assemble pour le *Magnificat* à l'heure de Vêpres où le soleil prend mesure de la terre,

Avant que la nuit ne commence et la pluie, avant que la longue pluie dans la nuit sur la terre ensemencée ne commence!

Et me voici comme un prêtre couvert de l'ample manteau d'or qui se tient debout devant l'autel embrasé et l'on ne peut voir que son visage et ses mains qui ont la couleur de l'homme,

Et il regarde face à face avec tranquillité, dans la force et dans la plénitude de son cœur,

Son Dieu dans la montrance, sachant parfaitement que vous êtes là sous les accidents de l'azyme.

Et tout à l'heure il va Vous prendre entre ses bras, comme Marie Vous prit entre ses bras,

Et mêlé à ce groupe au chœur qui officie dans le soleil et dans la fumée,

Vous montrer à l'obscure génération qui arrive,

La lumière pour la révélation des nations et le salut de Votre peuple Israël,

Selon que Vous l'avez juré une seule fois à David, Vous étant souvenu de Votre miséricorde,

Et selon la parole que Vous avez donnée à nos pères, à Abraham et à sa semence dans tous les siècles. Ainsi soit-il!

Tientsin, 1907.

Quatrième Ode

La Muse qui est la grâce

ARGUMENT

Invasion de l'ivresse poétique. Dialogue du poëte avec la Muse qui devient peu à peu la Grâce. Il essaye de la refouler, il lui demande de le laisser à son devoir humain, à la place de son âme il lui offre l'univers entier qu'il va recréer par l'intelligence et la parole. En vain, c'est à lui personnellement que la Muse qui est la Grâce ne cesse de s'adresser! C'est la joie divine qu'elle lui rappelle et son devoir de sanctification personnelle. — Mais le poëte se bouche les oreilles et se retourne vers la terre. Suprême évocation de l'amour charnel et humain.

Encore! encore la mer qui revient me rechercher comme une barque,
 La mer encore qui retourne vers moi à la marée de syzygie et qui me lève et remue de mon ber comme une galère allégée,
 Comme une barque qui ne tient plus qu'à sa corde, et qui danse furieusement, et qui tape, et qui saque, et qui fonce, et qui encense, et qui culbute, le nez à son piquet,
 Comme le grand pur sang que l'on tient aux naseaux et qui tangue sous le poids de l'amazone qui bondit sur lui de côté et qui saisit brutalement les rênes avec un rire éclatant!

Encore la nuit qui revient me rechercher,

Comme la mer qui atteint sa plénitude en silence à cette heure qui joint à l'Océan les ports humains pleins de navires attendants et qui décolle la porte et le batardeau !

Encore le départ, encore la communication établie, encore la porte qui s'ouvre !

Ah, je suis las de ce personnage que je fais entre les hommes ! Voici la nuit ! Encore la fenêtre qui s'ouvre !

Et je suis comme la jeune fille à la fenêtre du beau château blanc, dans le clair de lune,

Qui entend, le cœur bondissant, ce bienheureux sifflement sous les arbres et le bruit de deux chevaux qui s'agitent,

Et elle ne regrette point la maison, mais elle est comme un petit tigre qui se ramasse, et tout son cœur est soulevé par l'amour de la vie et par la grande force comique !

Hors de moi la nuit, et en moi la fusée de la force nocturne, et le vin de la Gloire, et le mal de ce cœur trop plein !

Si le vigneron n'entre pas impunément dans la cuve,

Croirez-vous que je sois puissant à fouler ma grande vendange de paroles,

Sans que les fumées m'en montent au cerveau !

Ah, ce soir est à moi ! ah, cette grande nuit est à moi ! tout le gouffre de la nuit comme la salle illuminée pour la jeune fille à son premier bal !

Elle ne fait que de commencer ! il sera temps de dormir un autre jour !

Ah, je suis ivre ! ah, je suis livré au dieu ! j'entends une voix en moi et la mesure qui s'accélère, le mouvement de la joie,

L'ébranlement de la cohorte Olympique, la marche divinement tempérée !

Que m'importent tous les hommes à présent! Ce n'est pas pour eux que je suis fait, mais pour le
Transport de cette mesure sacrée!
O le cri de la trompette bouchée! ô le coup sourd sur la tonne orgiaque!
Que m'importe aucun d'eux? Ce rythme seul! Qu'ils me suivent ou non? Que m'importe qu'ils m'entendent ou pas?
Voici le dépliement de la grande Aile poétique!
Que me parlez-vous de la musique? laissez-moi seulement mettre mes sandales d'or!
Je n'ai pas besoin de tout cet attirail qu'il lui faut. Je ne demande pas que vous vous bouchiez les yeux.
Les mots que j'emploie,
Ce sont les mots de tous les jours, et ce ne sont point les mêmes!
Vous ne trouverez point de rimes dans mes vers ni aucun sortilège. Ce sont vos phrases mêmes. Pas aucune de vos phrases que je ne sache reprendre!
Ces fleurs sont vos fleurs et vous dites que vous ne les reconnaissez pas.
Et ces pieds sont vos pieds, mais voici que je marche sur la mer et que je foule les eaux de la mer en triomphe!

STROPHE I

— O Muse, il sera temps de dormir un autre jour! Mais puisque cette grande nuit tout entière est à nous,
Et que je suis un peu ivre en sorte qu'un autre mot parfois
Vient à la place du vrai, à la façon que tu aimes,
Laisse-moi avoir explication avec toi,
Laisse-moi te refouler dans cette strophe, avant que tu

ne reviennes sur moi comme une vague avec un cri félin!

Va-t'en de moi un peu! laisse-moi faire ce que je veux un peu!

Car, quoi que je fasse et si que je le fasse de mon mieux,

Bientôt je vois un œil se lever sur moi en silence comme vers quelqu'un qui feint.

Laisse-moi être nécessaire! laisse-moi remplir fortement une place reconnue et approuvée,

Comme un constructeur de chemins de fer, on sait qu'il ne sert pas à rien, comme un fondateur de syndicats!

Qu'un jeune homme avec son menton orné d'un flocon jaunâtre

Fasse des vers, on sourit seulement.

J'attendais que l'âge me délivrât des fureurs de cet esprit bachique.

Mais, loin que j'immole le bouc, à ce rire qui gagne des couches plus profondes

Il me faut trouver que je ne fais plus sa part.

Du moins laisse-moi faire de ce papier ce que je veux et le remplir avec un art studieux,

Ma tâche, comme ceux-là qui en ont une.

Ainsi le scribe Égyptien recensait de sa pointe minutieuse les tributs, et les parts de butin, et les files de dix captifs attachés,

Et les mesures de blé que l'on porte à la meule banale, et les barques à la douane.

Ainsi l'antique sculpteur avec sa tignasse rougie à la chaux attrapé à sa borne de basalte noire avec la massette et le ciseau,

Et de temps en temps il souffle sur ses caractères pareils à des clous entrecroisés pour ôter la poussière et se recule avec contentement.

Et je voudrais composer un grand poëme plus clair que la lune qui brille avec sérénité sur la campagne dans la semaine de la moisson,

Et tracer une grande Voie triomphale au travers de la Terre,

Au lieu de courir comme je peux la main sur l'échine de ce quadrupède ailé qui m'entraîne, dans sa course cassée qui est à moitié aile et bond!

Laisse-moi chanter les œuvres des hommes et que chacun retrouve dans mes vers ces choses qui lui sont connues,

Comme de haut on a plaisir à reconnaître sa maison, et la gare, et la mairie, et ce bonhomme avec son chapeau de paille, mais l'espace autour de soi est immense!

Car à quoi sert l'écrivain, si ce n'est à tenir des comptes?

Que ce soit les siens ou d'un magasin de chaussures, ou de l'humanité tout entière.

Ne t'indigne pas! ô sœur de la noire Pythie qui broie la feuille de laurier entre ses mâchoires resserrées par le trisme prophétique et un filet de salive verte coule du coin de sa bouche!

Ne me blesse point avec ce trait de tes yeux!

O géante! ne te lève pas avec cet air de liberté sublime!

O vent sur le désert! ô ma bien-aimée pareille aux quadriges de Pharaon!

Comme l'antique poëte parlait de la part des dieux privés de présence,

Et moi je dis qu'il n'est rien dans la nature qui soit fait sans dessein et propos à l'homme adressé,

Et comme lumière pour l'œil et le son pour l'oreille, ainsi toute chose pour l'analyse de l'intelligence,

Continuée avec l'intelligence qui la

Refait de l'élément qu'elle récupère,

Que ce soit la pioche qui le dégage, ou le pan du prospecteur et l'amalgame de mercure,

Ou le savant, la plume à la main, ou le tricot des métiers, ou la charrue.

Et je puis parler, continu avec toute chose muette,

Parole qui est à sa place intelligence et volonté.

Je chanterai le grand poëme de l'homme soustrait au hasard!

Ce que les gens ont fait autour de moi avec le canon qui ouvre les vieux Empires,

Avec le canot démontable qui remonte l'Aruwhimi, avec l'expédition polaire qui prend des observations magnétiques,

Avec les batteries de hauts fourneaux qui digèrent le minerai, avec les frénétiques villes haletantes et tricotantes, (et çà et là une anse bleue de la rivière dans la campagne solennelle),

Avec les ports tout bordés intérieurement de pinces et d'antennes et le transatlantique qui signale au loin dans le brouillard,

Avec la locomotive qu'on attelle à son convoi, et le canal qui se remplit quand la fille de l'Ingénieur en chef du bout de son doigt sur le coup-de-poing fait sauter à la fois la double digue,

Je le ferai avec un poëme qui ne sera plus l'aventure d'Ulysse parmi les Lestrygons et les Cyclopes, mais la connaissance de la Terre,

Le grand poëme de l'homme enfin par-delà les causes secondes réconcilié aux forces éternelles,

La grande Voie triomphale au travers de la Terre réconciliée pour que l'homme soustrait au hasard s'y avance!

ANTISTROPHE I

— Que m'importent toutes vos machines et toutes vos œuvres d'esclaves et vos livres et vos écritures ?

O vraiment fils de la terre ! ô pataud aux larges pieds ! ô vraiment né pour la charrue, arrachant chaque pied au sillon !

Celui-ci était fort bien fait pour être clerc d'étude, grossoyant la minute et l'expédition.

O sort d'une Immortelle attachée à ce lourd imbécile !

Ce n'est point avec le tour et le ciseau que l'on fait un homme vivant, mais avec une femme, ce n'est pas avec l'encre et la plume que l'on fait une parole vivante !

Quel compte donc fais-tu des femmes ? tout serait trop facile sans elles. Et moi, je suis une femme entre les femmes !

Je ne suis pas accessible à la raison, tu ne feras point, tu ne feras point de moi ce que tu veux, mais je chante et danse !

Et je ne veux pas que tu aimes une autre femme que moi, mais moi seule, car il n'en est pas de si belle que je suis,

Et jamais tu ne seras vieux pour moi, mais toujours plus à mes yeux jeune et beau, jusque tu sois un immortel avec moi !

O sot, au lieu de raisonner, profite de cette heure d'or ! Souris ! Comprends, tête de pierre ! O face d'âne, apprends le grand rire divin !

Car je ne suis point pour toujours ici, mais je suis fragile sur ce sol de la terre avec mes deux pieds qui tâtent,

Comme un homme au fond de l'eau qui le repousse, comme un oiseau qui cherche à se poser, les deux ailes à demi reployées, comme la flamme sur la mèche!

Vois-moi devant toi pour ce court moment, ta bien-aimée, avec ce visage qui détruit la mort!

Celui qui a bu seulement plein son écuelle de vin nouveau, il ne connaît plus le créancier et le propriétaire ;

Il n'est plus l'époux d'une terre maigre et le colon d'une femme querelleuse avec quatre filles à la maison ;

Mais le voici qui bondit tout nu comme un dieu sur le théâtre, la tête coiffée de pampres, tout violet et poisseux du pis sucré de la grappe,

Comme un dieu au côté de la thymélé, brandissant la peau d'un petit cochon plein de vin qui est la tête du roi Panthée,

Cependant qu'attendant son tour le chœur des garçons et petites filles aux voix fraîches le regarde en croquant des olives salées!

Telle est la vertu de cette boisson terrestre : l'ivrogne peu à peu, plein de gaieté, voit double,

Les choses à la fois comme elles sont et comme elles ne sont pas et les gens commencent à ne pas comprendre ce qu'il dit.

La vérité sera-t-elle moins forte que le mensonge?

Ferme les yeux seulement et respire la vie froide! Fi de vous, ô chiches jours terrestres! O noces! ô prémisses de l'esprit! bois de ce vin non fermenté seulement!

Avance-toi et vois l'éternel matin, la terre et la mer sous le soleil du matin, comme quelqu'un qui paraît devant le trône de Dieu!

Comme l'enfant Jupiter quand il se tint ébloui sur le seuil de la caverne de Dicté,

Le monde autour de toi, non plus comme un esclave soumis, mais comme l'héritier et comme le fils légitime!

Car ce n'est point toi qui es fait pour lui, mais c'est lui qui est fait pour toi!

C'en est fait! pourquoi se roidir davantage et résister

Contre l'évidence de ta joie et contre la véhémence de ce souffle céleste? il faut céder!

Triomphe et frappe du pied la terre, car qui s'attache à rien,

C'est qu'il n'en est plus le maître, et foule la terre sous tes pieds comme quelqu'un qui danse!

Ris donc, je le veux, de te voir,

Ris, immortel! de te voir parmi ces choses périssables!

Et raille, et regarde ce que tu prenais au sérieux! car elles font semblant d'être là et elles passent.

Et elles font semblant de passer, et elles ne cessent pas d'être là!

Et toi, tu es avec Dieu pour toujours!

Pour transformer le monde il n'est pas besoin pour toi de la pioche et de la hache et de la truelle et de l'épée,

Mais il te suffit de le regarder seulement, de ces deux yeux de l'esprit qui voit et qui entend.

STROPHE II

— Non, tu ne me feras pas reculer davantage. Paroles, paroles,

Paroles, paroles de femme! paroles, paroles de déesse! paroles de tentatrice!

Pourquoi me tenter? pourquoi me traîner là où je ne puis pas voler? pourquoi

Montrer ce que je ne puis pas voir?

Et parler de la liberté à ce fils de la terre!

J'ai un devoir qui n'est pas rempli! un devoir envers toute chose, pas aucune

A quoi je ne sois obligé, laisse-moi donc
Tenir à cela que je ne puis posséder!
Une femme n'a pas de devoir.
Rions, car ceci est bon! O douceur! ce moment du moins est bon. O la femme qui est en moi!
J'ai durement acquis d'être un homme, à ces choses habitué qui ne sont pas gratuites,
Et qu'il faut prendre pour les avoir, apprendre, comprendre.
Ah, quoique mon cœur se brise, non!
Je ne veux point! va-t'en de moi un peu! ne me tente pas ainsi cruellement!
Ne me montre point
Cette lumière qui n'est pas pour les fils de la Terre!
Cette lumière-ci est pour moi, si faible qu'il lui faut la nuit pour qu'elle m'éclaire, pareille à la lampe de l'habitacle!
Et au dehors sont les ténèbres et le Chaos qui n'a point reçu l'Évangile.
Seigneur, combien de temps encore?
Combien de temps dans ces ténèbres? vous voyez que je suis presque englouti! Les ténèbres sont mon habitation.
Ténèbres de l'intelligence! ténèbres du son!
Ténèbres de la privation de Dieu! ténèbres actives qui sautent sur vous comme la panthère,
Et l'haleine d'Istar au fond de mes entrailles, et la main de la Mère-des-Morts sur ma chair! Ténèbres de mon cœur mauvais!
Mais mon devoir n'est pas de m'en aller, ni d'être ailleurs, ni de lâcher aucune chose que je tiens,
Ni de vaincre, mais de résister,
Et ni de vaincre, mais de résister, et de tenir à la place que j'occupe!

Et ni de vaincre, mais de n'être pas vaincu.

O Seigneur, combien de temps encore? cette veille solitaire et l'endurance de ces ténèbres que vous n'avez pas faites?

Vous ne m'avez point commandé de vaincre mais de n'être pas vaincu. Vous n'avez pas mis une épée entre mes mains.

Vous n'avez pas mis un éclatant cri dans ma bouche, comme Achille quand il parut tout nu sur le revers du fossé,

Non point le coup de gueule du lion mangeur de vaches, mais le cri humain!

Et d'un seul coup l'Envahisseur en frémissant s'arrêta quand il entendit,

Et le cœur des femmes dans le gynécée et les dieux dans les profonds pénétraux

Retentirent à la voix du Fils de la Mer!

Mais vous m'avez placé dans la terre, afin que j'endure la gêne et l'étroitesse et l'obscurité,

Et la violence ce ces autres pierres qui sont appuyées sur moi,

Et que j'occupe ma place pour toujours comme une pierre taillée qui a sa forme et son poids.

Ne me permettez point

De me soustraire à votre volonté, à la terre qui est votre volonté!

La pierre sous l'autre pierre, et mon œuvre dans votre œuvre, et mon cœur dans votre cœur, et la passion de ce cœur plein de cités!

Alors ne permettez point à celle-ci qu'elle vienne me tenter comme un jeune homme,

Non point avec un chant et avec la beauté de son visage,

(Où la suivrai-je, qui au bout de quatre pas n'est plus là?),

Mais si la pauvre bête même répond au nom par quoi on l'appelle,

Combien plus contagieux à mon esprit

Ne cueillera point le langage enfin réel et le soupir féminin et le baiser intelligible

Et le sens pur ineffablement contemplé

Dont mon art est de faire une ombre misérable avec des lettres et des mots?

ANTISTROPHE II

— O lourd compère! non! je ne te lâcherai point et ne te donnerai point de repos.

Et si tu ne veux apprendre de moi la joie, tu apprendras de moi la douleur.

Et je ne te laisserai point aller du pas des autres bonshommes ta route,

Jusque tu aies tout deviné cela que je veux dire, et celle-là n'est pas facile à entendre

Qui n'a point voix ni bouche, ni le regard de l'œil et le doigt qu'on lève.

Et cependant je te serai plus exigeante et cruelle que si je dictais le mot et la virgule,

Jusque tu aies appris la mesure que je veux, à quoi ne sert point de compter un et deux, tu l'apprendras, serait-ce avec le hoquet de l'agonie!

Comme ton oncle, le gros chasseur, quand il fut frappé de son coup de sang, on l'entendait râler à l'autre bout du village

Je veux que tu sois mon maître à ton tour, debout! marche devant moi, je le veux,

Afin que je regarde et rie, et q j'imite, moi, la déesse, ton avancement mutilé!

Je ne t'ai point permis de marcher comme les autres hommes d'un pied plan,
 Car tu es trop lourd pour voler
 Et le pied que tu poses à terre est blessé.
 Ni dans la joie ni dans la douleur avec moi point de repos!
 Que parles-tu de fondation? la pierre seule n'est pas une fondation, la flamme aussi est une fondation,
 La flamme dansante et boiteuse, la flamme biquante et claquante de sa double langue inégale!

STROPHE III

— O part! ô réservée! ô inspiratrice! ô partie réservée de moi-même! ô partie antérieure de moi-même!
 O idée de moi-même qui étais avant moi!
 O partie de moi-même qui es étrangère à tout lieu et ma ressemblance éternelle qui
 Touches à certaines nuits
 Mon cœur (comme l'ami qui est une main dans ma main),
 Plus infortunés que ces deux astres amants qui à chaque an se retrouvent d'un côté
 Et de l'autre de l'infranchissable Lai
 Vois-moi, ridicule et blessé, étouffé au milieu de ces hommes irrespirables, ô bienheureuse, et dis une parole céleste!
 Dis seulement une parole humaine!
 Mon nom seulement dans la maturité de la Terre, dans ce soleil de la nuit hyménéenne,
 Et non pas un de ces terribles mots sans un son que tu me communiques un seul
 Comme une croix pour que mon esprit y reste attaché!

O passion de la Parole! ô retrait! ô terrible solitude!
ô séparation de tous les hommes!

O mort de moi-même et de tout, en qui il me faut souffrir création!

O sœur! ô conductrice! ô impitoyable, combien de temps encore?

Déjà quand j'étais un petit enfant, c'était toi-même.

Et maintenant pour toujours je demeure l'homme unique et impair, plein d'inquiétude et de travaux.

Celui qui a acheté une femme à l'âge juste, ayant mis l'argent de côté peu à peu,

Il est avec elle comme un cercle fermé et comme une cité indissoluble, comme l'union du principe et de la fin qui est sans défaut,

Et leurs enfants entre eux deux comme de tendres graines mûrissantes.

Mais toi, je n'ai aucun droit sur toi et qui peut savoir quand tu viens?

Qui peut savoir ce que tu me demandes? plus que jamais une femme.

Tu murmures à mon oreille. C'est le monde tout entier que tu me demandes!

Je ne suis pas tout entier si je ne suis pas entier avec ce monde qui m'entoure. C'est tout entier moi que tu demandes! c'est le monde tout entier que tu me demandes!

Lorsque j'entends ton appel, pas un être, pas un homme,

Pas une voix qui ne soit nécessaire à mon unanimité.

Mais en quoi ma propre nécessité? à qui

Suis-je nécessaire, qu'à toi-même qui ne dis pas ce que tu veux.

Où est la société de tous les hommes? où est la nécessité entre eux de tous les hommes? où est la cité de tous les hommes?

Quand je comprendrais tous les êtres,
Aucun d'eux n'est une fin en soi, ni
Le moyen pour qu'il soit   il le faut.
Et cependant quand tu m'appelles ce n'est pas avec moi seulement qu'il faut répondre, mais avec tous les êtres qui m'entourent,
Un poëme tout entier comme un seul mot tel qu'une cité dans son enceinte pareille au rond de la bouche.
Comme jadis le magistrat accomplissait le sacrifice du bœuf, du porc et du mouton
Et moi c'est le monde tout entier qu'il me faut conduire à sa fin avec une hécatombe de paroles!
Je ne trouve ma nécessité qu'en toi que je ne vois point et toutes choses me sont nécessaires en toi que je ne vois point,
Elles ne sont pas faites pour moi, leur ordre n'est pas avec moi, mais avec la parole qui les a créées.
Tu le veux! il faut me donner enfin! et pour cela il faut me retrouver
En tout, qui de toutes choses latent suis le signe et la parcelle et l'hostie.
Qu'exiges-tu de moi? est-ce qu'il me faut créer le monde pour le comprendre? Est-ce qu'il me faut engendrer le monde et le faire sortir de mes entrailles?
O œuvre de moi-même dans la douleur! ô œuvre de ce monde à te représenter!
Comme sur un rouleau d'impression on voit par couches successives
Apparaître les parties éparses du dessin qui n'existe pas encore,
Et comme une grande montagne qui répartit entre des bassins contraires ses eaux simultanées
Ainsi je travaille et ne saurai point ce que j'ai fait, ainsi l'esprit avec un spasme mortel

Jette la parole hors de lui comme une source qui ne connaît point

Autre chose que sa pression et le poids du ciel.

ANTISTROPHE III

— Tu m'appelles la Muse et mon autre nom est la Grâce, la grâce qui est apportée au condamné et par qui sont foulées aux pieds la loi et la justice.

Et si tu cherches la raison, il n'en est point que

Cet amour qu'il y a entre toi et moi.

Ce n'est point toi qui m'as choisie, c'est moi qui t'ai choisi avant que tu ne sois né.

Entre tous les êtres qui vivent, je suis la parole de grâce qui est adressée à toi seul.

Pourquoi Dieu ne serait-il pas libre comme toi? Ta liberté est l'image de la sienne.

Voici que je m'en suis allée à ta rencontre, comme la miséricorde qui embrasse la justice, l'ayant suscitée.

Ne cherche point à me donner le change. N'essaye point de me donner le monde à ta place,

Car c'est toi-même que je demande.

O libérateur des hommes! ô réunisseur d'images et de cités!

Libère-toi toi-même! Réunisseur de tous les hommes, réunis-toi toi-même!

Sois un seul esprit! sois une seule intention!

Ce n'est point l'auge et la truelle qui rassemble et qui construit,

C'est le feu pur et simple qui fait de plusieurs choses une seule.

Connais ma jalousie qui est plus terrible que la mort!

C'est la mort qui appelle toutes choses à la vie.

Comme la parole a tiré toutes choses du néant, afin qu'elles meurent,
C'est ainsi que tu es né afin que tu puisses mourir en moi.
Comme le soleil appelle à la naissance toutes les choses visibles,
Ainsi le soleil de l'esprit, ainsi l'esprit pareil à un foudre crucifié
Appelle toutes choses à la connaissance et voici qu'elles lui sont présentes à la fois.
Mais après l'abondance d'Avril et la surabondance de l'été,
Voici l'œuvre d'Août, voici l'extermination de Midi,
Voici les sceaux de Dieu rompus qui s'en vient juger la terre par le feu!
Voici que du ciel et de la terre détruits il ne se fait plus qu'un seul nid dans la flamme,
Et l'infatigable cri de la cigale remplit la fournaise assourdissante!
Ainsi le soleil de l'esprit est comme une cigale dans le soleil de Dieu.

ÉPODE

— Va-t'en! Je me retourne désespérément vers la terre!
Va-t'en! tu ne m'ôteras point ce froid goût de la terre,
Cette obstination avec la terre qu'il y a dans la moelle de mes os et dans le caillou de ma substance et dans le noir noyau de mes viscères!
Vainement! tu ne me consumeras point!
Vainement! plus tu m'appelles avec cette présence de feu et plus je retire en bas vers le sol solide,

Comme un grand arbre qui s'en va rechercher le roc et le tuf de l'embrassement et de la vis de ses quatre-vingt-deux racines !

Qui a mordu à la terre, il en conserve le goût entre les dents.

Qui a goûté le sang, il ne se nourrira plus d'eau brillante et de miel ardent !

Qui a aimé l'âme humaine, qui une fois a été compact avec l'autre âme vivante, il y reste pris pour toujours.

Quelque chose de lui-même désormais hors de lui vit au pain d'un autre corps.

Qui a crié ? J'entends un cri dans la nuit profonde !

J'entends mon antique sœur des ténèbres qui remonte une autre fois vers moi,

L'épouse nocturne qui revient une autre fois vers moi sans mot dire,

Une autre fois vers moi avec son cœur, comme un repas qu'on se partage dans les ténèbres,

Son cœur comme un pain de douleur et comme un vase plein de larmes.

Une autre fois du Ténare ! une autre fois de l'autre côté de ce bas canal que n'éclaire pas même

Le rai d'un astre de plomb et la corne lugubre d'Hécate !

Tientsin, 1907.

Cinquième Ode

La Maison fermée

ARGUMENT

On reproche au poëte le caractère fermé de son art et son insouciance des hommes qui l'entourent. — Et la femme du poëte répond : Je sais que la clôture lui est nécessaire; il est temps que toute sa vie soit ordonnée vers l'intérieur; et par moi il a cet intérieur. — Et le poëte répond : ma miséricorde est d'être utile et fidèle à mon devoir. Mon devoir premier est Dieu et cette tâche qu'il m'a donnée à faire qui est de réunir tout en lui. Contemplation de la Maison fermée où tout est tourné vers l'intérieur et chaque chose vers les autres suivant l'ordre de Dieu. Ma Miséricorde est à la mesure de l'univers; elle est *catholique,* elle embrasse toutes choses et toutes choses lui sont nécessaires. Pour être capable de contenir, il faut que le poëte lui-même soit fermé, à l'imitation de l'Univers que Dieu a créé inépuisable et fini. Apprenez à être fermé comme moi. La lumière est à l'intérieur et les ténèbres sont au dehors. Souvenir de cette église fermée jadis où le poëte a trouvé Dieu. L'âme fermée et gardée par les Quatre Vertus Cardinales. Salut au siècle nouveau envers qui est mon devoir, nous n'habitons pas un désert farouche et inconnu, mais un tabernacle fermé où tout nous est fraternel. Salutation aux morts dont nous ne sommes pas séparés et qui ne cessent pas de nous être voisins.

Poëte, tu nous trahis! Porte-parole, où portes-tu cette parole que nous t'avons confiée?

Voici que tu passes à l'ennemi! Voici que tu es devenu comme la nature et ton langage autour de nous aussi privé d'attention pour nous que les collines.

Nous demandions que tu achèves avec ton esprit ces choses ici qui ne sont pas complètes.

Il n'arrive pas ce qu'il faudrait. Joie ou douleur, personne jusqu'au bout.

Toi, raconte-nous l'histoire, et fais trembler la scène sous le déchaînement de la parfaite comédie!

Est-ce que tu trahis notre cause? La parole du moins était à nous! Et toi, est-ce pour cela que nous avons payé tes trimestres au lycée,

Afin que tu accroisses de tes runes la quantité de ces choses que nous ne comprenons pas?

Plaide, toi qui tiens notre dossier! est-ce que tu es parmi les satisfaits? est-ce que le sort de l'homme est bon? A ta place, qui endossera la chappe? qui maintiendra l'office de notre imprécation?

Mais on nous dit que tu es devenu gros et marié, et qu'éloigné de ton peuple autant que la terre le permet, sans aucun souci,

Tu vis tout seul comme un baron dans ta grande maison carrée aux murs épais.

Là séparées de tout par l'éclatante blancheur du papier, pareille à la céleste liqueur qui entoure les îles Élysées,

Tu réunis les mains de tes Muses indivisibles en ce jour des fêtes de la parole pure née de l'esprit qu'aucune bouche humaine n'a proférée!

Est-ce langage d'un homme ou de quelque bête? Car nous ne reconnaissons plus avec toi, ces choses que nous t'avons apportées.

Mais tu retournes et brouilles tout dans le ressac de tes vers entremêlés, tu reprends et retournes et emportes tout avec toi en triomphe, joie et douleur confondues, dans la retraite et la rentrée et la rude ascension de ton rire !

— *Et la gardienne du poëte répond :* Dieu m'a posée sa gardienne,

Afin qu'il rende à chacun ce qui lui est dû,

L'homme à l'homme, à la femme ce qu'il tient de la femme,

Et à Dieu seul ce qu'il a reçu de Dieu seul, qui est un esprit de prière et de parole.

Ce qu'est la clôture pour un moine, est le sacrement pour lui qui fait une seule chair de nous deux.

La poutre de notre maison n'est pas de cèdre, les boiseries de notre chambre ne sont pas de cyprès,

Mais goûte l'ombre, mon mari, de la demeure bénite entre ces murs épais qui nous protègent de l'air extérieur et du froid.

Ton intérêt n'est plus au dehors, mais en toi-même là où n'était aucun objet,

Entends, comme une vie qui souffre division, le battement de notre triple cœur.

Voici que tu n'es plus libre et que tu as fait part à d'autres de ta vie,

Et que tu es soumis à la nécessité comme un dieu

Inséparable sans qui l'on ne peut pas vivre.

Dis s'il y a dans mon cœur une autre pensée que de toi seul.

Voici que tu n'es plus abandonné au hasard et que tu es constitué entre les hommes et que tu ne dépends plus des autres,

Et que tu n'as plus à chercher ton devoir au dehors, mais que tu portes avec toi ta nécessité,

Non plus de tes bras seulement, ni de ton esprit seulement, mais à mon âme la nécessité de ton âme.

Celle-là seule est nécessaire à qui tu es nécessaire. Que te font les hommes vagues autour de nous ?

Qu'as-tu à recevoir d'eux ? Et qu'aurait-il à donner qui a à demander encore ?

L'âge vient, tu as assez longtemps erré, demeurons ensemble avec la Sagesse.

Comment ferait-elle ménage avec les vieux garçons, chez qui il n'y a rien qui ferme ?

Leur cœur est tourné au dehors, mais le nôtre est tourné au dedans vers Dieu,

Dont la volonté nous a été remise comme un petit enfant, habitons ensemble avec la Parole.

Tu as donné ta parole. Garde-la pour qu'elle te garde et ne va pas en faire commerce comme du vieux vêtement que l'on vend au Chananéen.

— *Et le poëte répond :* Je ne suis pas un poëte,

Et je n'ai aucun souci de vous faire rire ou pleurer, ni que vous aimiez ou non ma parole, mais aucune louange ou blâme de vous n'en altère la pudicité.

Je sais que je suis ici avec Dieu et chaque matin je rouvre mes yeux dans le paradis.

Jadis j'ai connu la passion, mais maintenant je n'ai plus que celle de la patience et du désir

De connaître Dieu dans sa fixité et d'acquérir la vérité par l'attention et chaque chose qui est toutes les autres en la recréant avec son nom intelligible dans ma pensée.

Celui qui fait beaucoup de bruit se fait entendre, mais l'esprit qui pense n'a pas de témoins.

Et beaucoup d'agitation ne sert pas, mais l'esprit de l'homme qui avance dans la géométrie est comparable au progrès sans aucun son d'une rivière d'huile.

Je n'ai pas à faire de vous, à vous de trouver votre compte avec moi,

Comme la meule fait de l'olive et comme de la plus revêche racine le chimiste sait retirer l'alcaloïde.

O la joie de l'enfant qui se réveille au premier jour de ses vacances, et qui s'entend appeler à grands cris par ses frères et ses cousins de l'autre chambre,
Et le gémissement de l'amant qui obtient le corps bestial entre ses bras de la bien-aimée après le long combat,
Que sont-ils auprès de cette énergie divine de l'esprit qui ouvre les yeux,
Recommençant sa journée et qui trouve chaque chose à sa place dans l'immense atelier de la connaissance,
Et l'univers devant ce gros soleil ouvrier de l'intelligence cependant visible et la construction de tous les cieux éclairée avec un astre suffisant?
Qu'est pour moi votre gloire humaine et ce juste laurier dont vous ceignez les tempes des conquérants et des Césars, réunisseurs de la terre?
Mon désir est d'être le rassembleur de la terre de Dieu! Comme Christophe Colomb quand il mit à la voile,
Sa pensée n'était pas de trouver une terre nouvelle,
Mais dans ce cœur plein de sagesse la passion de la limite et de la sphère calculée de parfaire l'éternel horizon.
Le Verbe de Dieu est Celui en qui Dieu s'est fait à l'homme donnable.
La parole créée est cela en qui toutes choses créées sont faites à l'homme donnables.

O mon Dieu, qui avez fait toutes choses donnables, donnez-moi un désir à la mesure de votre miséricorde!
Afin qu'à mon tour à ceux-là qui peuvent le recevoir je donne en moi cela qui à moi-même est donné.

O point de toutes parts autour de moi où s'ajustent les fins indivisibles! univers indéchirable! ô monde inépuisable et fermé!

C'est la vision de saint Pierre quand l'ange lui montra dans un linge tous les fruits et les animaux de la création, afin qu'il en fît librement usage.

Et moi aussi, toutes les figures de la nature m'ont été données, non point comme des bêtes que l'on chasse et de la chair à dévorer,

Mais pour que je les rassemble dans mon esprit, me servant de chacune pour comprendre toutes les autres,

Avec un être vivant mieux qu'avec du cuivre et du verre assemblés.

(Ainsi le chimiste qui ne doute pas d'essayer sur sa table de bois blanc le même truc qu'il a vu réussir dans les comètes.)

O certitude et immensité de mon domaine! ô cher univers entre mes mains connaissantes! ô considération du nombre parfait à qui rien ne peut être soustrait ou ajouté!

O Dieu, rien n'existe que par une image de votre perfection!

Est-ce qu'aucune de vos créatures peut vous échapper? mais vous les tenez captives par des règles aussi sévères que celle d'un cœur pénitent et avec une loi ascétique.

Et vous qui connaissez le nombre de nos cheveux, est-ce que vous ignorez celui de vos étoiles?

Tout l'espace est rempli des bases de votre géométrie, il est occupé avec un calcul éclatant pareil aux computations de l'Apocalypse.

Vous avez posé chaque astre milliaire en son point, pareil aux lampes d'or qui gardent votre sépulture à Jérusalem.

Et moi, je vois tous vos astres qui veillent, pareils aux Dix Vierges Sages à qui l'huile ne fait pas défaut.

Maintenant je puis dire, mieux que le vieux Lucrèce :
Vous n'êtes plus, ô terreurs de la nuit!

Ou plutôt comme votre saint Prophète : *Et la nuit est mon exultation dans mes délices!*

Réjouis-toi, mon âme, dans ces vers ambrosiens!

Je ne vous crains point, ô grandes créatures célestes!
Je sais que c'est moi qui vous suis nécessaire et je me tiens comme un pilote dans vos feux entre-croisés,

Et je vous ris aux yeux comme Adam aux bêtes familières.

Toi, ma douce petite étoile entre les doigts de ma main comme une pomme cannelle!

Pas une chose qui ne soit nécessaire aux autres.

Et toutes vous êtes en ma possession, comme un banquier qui de son bureau de Paris fait argent avec l'écriture des gommes de la Sénégambie,

Et de la pelletée de minerai sur le carreau de la mine antarctique et de la perle des Pomotou, et du grand tas de laine Mongol!

Mon Dieu qui m'avez conduit à cette extrémité du monde où la terre n'est plus qu'un peu de sable et où le ciel que vous avez fait n'est jamais dérobé à mes yeux,

Ne permettez point que parmi ce peuple barbare dont je n'entends point la langue,

Je perde mémoire de mes frères qui sont tous les hommes, pareils à ma femme et à mon enfant.

Si l'astronome, le cœur battant, passe des nuits à l'équatorial,

Épiant avec la même poignante curiosité le visage de Mars qu'une coquette qui étudie son miroir,

Combien plus ne doit pas être pour moi que la plus fameuse étoile

Votre enfant le plus humble que vous fîtes à votre image ?

La miséricorde n'est pas un don mol de la chose qu'on a en trop, elle est une passion comme la science,

Elle est une découverte comme la science de votre visage au fond de ce cœur que vous avez fait.

Si tous vos astres me sont nécessaires, combien davantage tous mes frères ?

Vous ne m'avez pas donné de pauvre à nourrir, ni de malade à panser,

Ni de pain à rompre, mais la parole qui est reçue plus complètement que le pain et l'eau, et l'âme soluble dans l'âme.

Faites que je la produise de la meilleure substance de mon cœur comme une moisson qui va poussant de toutes parts où il y a de la terre (des épis jusqu'au milieu de la route),

Et comme l'arbre dans une sainte ignorance qui lui-même n'attend pas gloire ou gain de ses fruits, mais qui donne ce qu'il peut.

Et que ce soient les hommes qui le dépouillent ou les oiseaux du ciel, cela est bien.

Et chacun donne ce qu'il peut : l'un le pain, et l'autre la semence du pain.

Faites que je sois entre les hommes comme une personne sans visage et ma

Parole sur eux sans aucun son comme un semeur de silence, comme un semeur de ténèbres, comme un semeur d'églises,

Comme un semeur de la mesure de Dieu.

Comme une petite graine dont on ne sait ce que c'est

Et qui jetée dans une bonne terre en recueille toutes les énergies et produit une plante spécifiée,

Complète avec ses racines et tout,
Ainsi le mot dans l'esprit. Parle donc, ô terre inanimée entre mes doigts !
Faites que je sois comme un semeur de solitude et que celui qui entend ma parole
Rentre chez lui inquiet et lourd.
Comment Dieu entrera-t-il dans ton cœur s'il n'y a point de place,
Si tu ne lui fais une habitation ? Point de Dieu pour toi sans une église et toute vie commence par la cellule.
Ou qui mettra une liqueur dans un vase qui fuit ?
O mon Dieu, je me rappelle ces ténèbres où nous étions face à face tous les deux, ces sombres après-midi d'hiver à Notre-Dame,
Moi tout seul, tout en bas, éclairant la face du grand Christ de bronze avec un cierge de 25 centimes.
Tous les hommes alors étaient contre nous et je ne répondais rien, la science, la raison.
La foi seule était en moi et je vous regardais en silence comme un homme qui préfère son ami.
Je suis descendu dans votre sépulture avec vous.
Et maintenant où sont ces Puissants qui nous écrasaient ? il n'y a plus que quelques masques obscènes à mes pieds.
Je n'ai point bougé et les limites de votre tombeau sont devenues celles de l'Univers.
Comme un homme qui avec son cierge qu'il penche allume toute une procession,
Voici qu'avec cette mèche de quatre sous, j'ai allumé autour de moi toutes les étoiles qui font à votre présence une garde inextinguible.
La poutre de notre maison n'est pas de cèdre, la boiserie de notre chambre n'est pas de cyprès,
Et le réduit où nous recevons le Seigneur croît plus

silencieusement en nous que le temple de Salomon qui fut construit sans aucun bruit de la hache et du marteau.

Entends l'Évangile qui conseille de fermer la porte de ta chambre.

Car les ténèbres sont extérieures, la lumière est au dedans.

Tu ne peux voir qu'avec le soleil, ni connaître qu'avec Dieu en toi.

Fais entrer toute la création dans l'arche comme l'ancien Noé, dans cette demeure bien fermée de la parabole,

Où le père de famille à l'importun qui frappe dans la nuit pour demander trois pains,

Répond qu'il repose avec ses enfants, profond et sourd.

Soyez béni, mon Dieu, qui ne laissez pas vos œuvres inachevées

Et qui avez fait de moi un être *fini* à l'image de votre perfection.

Par là je suis capable de comprendre étant capable de tenir et de mesurer.

Vous avez placé en moi le rapport et la proportion

Une fois pour toutes; car un chiffre peut être changé, mais non pas le rapport de deux chiffres : là est la certitude.

Vous avez fait de mon esprit un vase inépuisable comme celui de la veuve de Sarepta.

Non point pour moi seulement mais pour tout homme qui veut y mettre la lèvre,

Comme le Japonais qui à mesure qu'il boit voit se découvrir peu à peu le grand paysage natal peint sur la concavité du bol,

Et le Fuji neigeux sur le bord qui s'élève à mesure que la liqueur s'abaisse,

Et l'horizon complet avec le breuvage épuisé.
Poëte, j'ai trouvé le mètre. Je mesure l'univers avec son image que je constitue.

O cieux, laissez-moi reconnaître en moi comme en vous le Nord et le Couchant, le Midi et l'Est,
Non point comme ils sont blasonnés sur votre poêle avec la figure des astres éternels,
Mais mes quatre portes, ainsi qu'une forte cité, gardées par les Volontés immuables.
Jadis j'ai célébré les Muses intérieures, les Neuf sœurs indivisibles,
Mais voici que dans cette maturité de mon âge, j'ai appris à reconnaître les Quatre Assises, les Quatre grandes Extérieures,
Selon qu'aux pays de Bod et de Sin dans les temples on voit les gardiens des quatre plages du Ciel, sous un déguisement horrible.
Je chanterai les grandes Muses carrées, les Quatre Vertus cardinales orientées avec une céleste rectitude,
Celles qui gardent chacune de mes portes, la Prudence,
La Force, la Tempérance, qui est celle-là entre les trois autres,
La Justice.
Elles sont pareilles à la statue de Rome ou de la mère Cybèle, à travers le soleil ou le brouillard je vois éternellement à leur place ces quatre faces formidables,
Telles que l'antique Égypte tailla l'image de ces premiers types de l'humanité, l'auguste visage de ces enfants des dieux, Titan et Sem.

La Prudence est au nord de mon âme comme la proue intelligente qui conduit tout le bateau.

Et elle regarde tout droit en avant et non point de côté ou en arrière,

Car c'est en avant que nous allons, et les choses qui sont de côté sont de côté, et en arrière elles sont en arrière.

Et il n'y a en elle ni regret ni mémoire ni curiosité,

Mais seulement le devoir dévorant et la transe de la direction rectiligne,

Comme le chauffeur à toute vitesse dans la nuit, qui couvre tout là-bas pendant des heures la petite lampe blanche au fond de la vallée.

Ni la neige ne masque le dur visage, ni le gel ne coud les paupières inflexibles,

Ni aucun nuage ne voile le pôle.

La Force est au midi, là où il n'y a plus de murailles, mais seulement quelques palissades rompues et la terre foulée par l'incessante lutte pied à pied,

Pareille à ce sûr Thébain sur qui l'œil du Chef tomba quand il répondit au messager qui racontait Capanée :

« Qui choisirons-nous contre ce contempteur des dieux ? »

Elle est assise sur le roc inébranlable,

La tempête et le soleil lui ont mangé le nez, la fumée de la guerre lui a noirci le visage.

On ne voit plus que les yeux comme ceux d'un lépreux dans la ponce de la face corrodée.

Mais la main droite tient la foudre, la main gauche étrangle le serpent,

Elle écrase sous son pied le kalmar et le crocodile,

Et contre la large poitrine vient se rompre la charge de l'Efrit et du diable sanglotant !

Tous les vents mauvais soufflent sur sa face.

Le vent du Sud pareil à l'exhalation de l'enfer,

Et le vent mouillé du Sud-Ouest qui souffle sur Paris à l'époque du carnaval,

Et le premier souffle de la mousson d'été, pareil à une femme suante et nue,

(O les détroits de Malaisie où roule un arbre noir couvert d'oiseaux! détroit de Banda! mer de Sulu où naviguaient les vieilles hourques hollandaises, grosses et dures comme une noix vernie! ô les premières gouttes de l'averse qui roulent dans la poussière de la pluie de l'Équateur pareille à du rhum tiède!)

Mais toutes les puissances de l'air ne valent pas contre la pierre invincible.

La Tempérance garde l'Orient, elle regarde les portes du Soleil.

C'est à elle qu'on montre les grands mystères purs et la naissance même du Jour et de la Nuit.

Car elle a des yeux pour ne pas voir et des oreilles pour ne pas entendre et une bouche qui est pour ne pas parler.

Elle résiste des deux côtés;

Entre le monde et la cité elle est la médiatrice; entre l'homme et la terre, entre le désir et le bien elle est la barrière interposée.

Elle est celle qui reçoit, qui élimine et qui exclut.

Elle est la mesure créatrice, elle est la forme de l'être,

Elle est la règle de vie, la pince aux sources de la vie qui maintient l'exacte tension,

Comme la clef de la viole, comme l'âme de l'archiluth.

Elle est en nous la continuation de la mère, elle sait ce qu'il nous faut, elle est mandataire de notre destinée.

Elle est la conscience infaillible, et le goût suprême du poëte supérieur à l'explication.

Elle est cela en nous qui nous maintient avec un art secret au milieu de tout changement

Le même; ouvrière de l'accord imperturbable et cela en nous

Qui conserve, à la manière de Dieu quand il crée.

La Justice regarde l'Occident, et ce ciel rayé est le sien

Lorsque les sept rayons du soleil traversant l'immense azur déblayé se réunissent à l'autre point du diamètre.

A ses pieds la grande plaine fertile et irriguée, les canaux bordés de mûriers et dans la haute moisson verte les villages qui fument par dizaines.

Elle considère la terminaison de toutes choses et le jour quand il se consomme dans la couleur de la flamme et du sang,

Ce jour qui est le sixième, celui qui précède le sabbat et qui suit les cinq premiers

Elle acquitte mes comptes; elle règle pour moi ce qui est dû;

Car comment saurais-je ce que je dois et quel échange y a-t-il si je rends la même chose que je reçois?

Comme le vicaire à la sacristie qui reçoit l'argent des messes, entre la matière et l'esprit, entre la campagne et la ville,

Elle préside à de mystérieux commerces.

Car d'une part toute la nature sans moi est vaine; c'est moi qui lui confère son sens; toute chose en moi devient

Éternelle en la notion que j'en ai; c'est moi qui la consacre et qui la sacrifie.

L'eau ne lave plus seulement le corps mais l'âme, mon pain pour moi devient la substance même de Dieu.

Comme un homme en hiver qui émiette à deux mains un gros morceau de pain pour les petits oiseaux,

C'est ainsi qu'avec les prières de mon rosaire plein les mains, je nourris les âmes du purgatoire.

— D'autre part je sais que toute chose est bénie en elle-même et que je suis béni en elle.

Car l'homme, héritier des cinq jours qui l'ont précédé, reçoit sur sa tête leurs bénédictions accumulées.

Il est comme Jacob qui se couvrit d'une peau de chevreau pour recevoir l'imposition des mains croisées de son père.

Il est le désiré des collines éternelles, il recevra la bénédiction de l'abîme subjacent, la bénédiction des mamelles et de la vulve,

La bénédiction sur son front sera fortifiée de la bénédiction de ses pères.

Salut, aurore de ce siècle qui commence!

Que d'autres te maudissent, mais moi je te consacre sans frayeur ce chant pareil à celui qu'Horace confia à des chœurs de jeunes garçons et de jeunes filles quand Auguste fonda Rome pour la seconde fois.

A la place de tant de saintes églises qui tombent la face contre terre,

(Ainsi jadis dans cette ville impie de la Bourgogne j'ai vu la statue abattue de Notre-Dame, gisante la face contre terre sous la neige, suppliante pour l'iniquité de son peuple),

De tant d'asiles ouverts par la pioche qui ne sait ce qu'elle fait,

Voici de nouveau pour nous une maison pour faire notre prière,

Un temple nouveau dont la rage de Satan n'éteindra point les lampes ni ne sapera les voûtes adamantines.

Pour la clôture de Solesmes et de Ligugé voici une autre clôture!

Je vois devant moi l'Église catholique qui est de tout l'univers!

O capture! ô pêche miraculeuse! ô million d'étoiles prises aux mailles de notre filet,

Comme un grand butin de poissons à demi sorti de la mer dont les écailles vivent à la lueur de la torche!

Nous avons conquis le monde et nous avons trouvé que Votre Création est finie,

Et que l'imparfait n'a point de place avec Vos œuvres finies, et que notre imagination ne peut pas ajouter

Un seul chiffre à ce Nombre en extase devant Votre Unité!

Comme jadis quand Colomb et Magellan eurent rejoint les deux parts de la terre,

Tous les monstres des vieilles cartes s'évanouirent,

Ainsi le ciel n'a plus pour nous de terreur, sachant que si loin qu'il s'étend

Votre mesure n'est pas absente. Votre bonté n'est pas absente.

Et nous considérons Vos étoiles au ciel

Paisiblement comme des brebis pleines et comme des ouailles paissantes,

Aussi nombreuses que la postérité d'Abraham.

Comme on voit les petites araignées ou de certaines larves d'insectes comme des pierres précieuses bien cachées dans leur bourse d'ouate et de satin,

C'est ainsi que l'on m'a montré toute une nichée de soleils encore embarrassés aux froids plis de la nébuleuse,

C'est ainsi que je vous vois, tous mes frères, dans la boue et sous le déguisement pareils à des étoiles souffrantes!

Tout est à moi, catholique, et je ne suis privé d'aucun de vous. La mort au lieu de vous obscurcir

Vous dégage comme une planète qui commence son éternelle orbite,

Parcourant des aires égales en des temps égaux,

Selon l'ellipse dont le soleil que nous voyons reporte un seul des foyers.

Je vous salue, firmament de tous les morts!

Comme une planète qui est réduite pour nous à sa lumière et à son mouvement mathématique,

Heureuses âmes, nous ne voyons plus de vous que cette quantité

De la gloire de Dieu que vous reflétez, suspendues dans l'extase de la parfaite pauvreté, comparable à la raréfaction de l'espace astronomique!

Saintes âmes, puissé-je un jour être comme le dernier parmi vous!

Votre gloire est notre salut. Celui-là est fait bien à qui le bien est fait et rend le plus de lumière qui en reçoit davantage,

Usant de ces divers moyens que Dieu lui donne, soit la richesse, soit la pauvreté,

Soit l'intelligence, soit le loisir, soit le travail, selon la loi

Imposée à tous les animaux de chercher leur vie.

Tournons nos yeux vers le ciel qui est déjà fait, ô mes frères de ce ciel en travail!

Car depuis les jours de celle de Bethléem, nos ténèbres sont en mal d'étoiles,

Et je sens autour de moi dans la nuit de grands êtres purs plus radieux que Sirius et de profonds mouvements ensemble d'âmes élues,

Pareilles à l'amas stellaire de l'Hercule et à des tronçons de Voie lactée!

Un peu de lumière est supérieur à beaucoup de ténèbres. Ne nous troublons point de ce qui est hors de nous.

Ne jugeons point de peur d'être jugés, ne maudissons point le présent qui est avec nous comme notre éternité.

Tel le moine qui rentre dans son couvent dévasté,

Et il lui paraît tout aussi beau sous la cendre et le cilice que le jour de la dédicace,

Lorsque le clocher de cent pieds comme un mât de navire se dressait dans le soleil plus clair que le vin

Avec ses quatre cloches de bronze neuf jaunes et pures comme des lys.

Car que lui manquerait-il dès là qu'il a son livre et un supérieur au-dessus de lui ?

Et le voici de nouveau qui s'assied, ayant fait le signe de la croix, et qui pour le bien copier étalant devant lui l'Évangile à la première page

Recommence l'initiale d'or sur le diplôme de pourpre.

Et maintenant que selon le rite j'ai salué le Ciel et la Terre et les vivants,

Comme l'Officiant qui fait une pause dans l'invocation, cependant que les trompettes se taisent, et l'on n'entend que la graisse et la chair des victimes qui crépitent sur les charbons ardents aux quatre coins de l'esplanade dans l'heure de Midi,

Je me retournerai vers les Morts, je n'omettrai pas le plus vieux devoir humain,

Reliant ma parole soufflante à ces bouches éteintes.

Serons-nous plus impies que les païens

Qui ne croyaient pas qu'ils pussent cesser de faire du bien aux morts et ceux-ci de même à eux ?

Nous ne sommes pas des fils de chiens et de bêtes brutes, et nos pères ne sont point des ombres vaines sur la route,

Mais nous sommes sortis de leur chair réelle et de leur âme réelle, et la vérité ne sort point du mensonge et ce qui est vérité ne devient point songe et mensonge.

Voici que je puis leur offrir une nourriture meilleure que des baguettes d'encens et du vin chaud et de la viande hachée dans des bols pour ces bouches étroites.

Goûtez, ô Mânes, les prémices de nos moissons.
L'ange de Dieu une fois par an
S'en va prendre le ciboire d'or sur l'autel et se dirige vers le peuple défunt,
Tel qu'un prêtre vêtu d'une chasuble d'or qui précédé de l'acolyte avec un cierge s'en va vers la barre de communion,
Avec un ciboire tout rempli et débordant de nos bonnes œuvres consacrées par Dieu,
De nos suffrages et de nos mortifications, et de chapelets récités et de messes offertes,
Telles que de blanches hosties et une petite étoile éclatante entre ses doigts.
Ainsi par un sombre matin de Noël, j'ai vu rang après rang la foule des Macaïstes et des femmes Chinoises,
La tête couverte de longs voiles noirs qui ne laissaient voir que la bouche se presser à la table de communion.
Écoutez le cri pitoyable des morts!
J'entends la foule innombrable des défunts se pressant autour de moi comme une mer qui demanderait pitié!
« Ayez pitié de nous, vous du moins, nos amis!
N'ayez point horreur de nous à cause de notre dénuement, car la chair même de notre visage a disparu et il ne nous reste plus que les dents autour de la bouche.
Fils de nos os chrétiens, aie compassion de notre pourriture, dont Dieu a dit qu'elle est ta mère et tes frères!
Vois! nous t'avons laissé notre terre et nos biens, n'aurons-nous pas une miette de ta table, une goutte d'eau de ton verre?
Des larmes vaines, un bref sanglot, et tout est oublié,
Et l'homme de ma paix qui mangeait le doux pain avec moi a magnifié sur moi sa supplantation.
O vivant qui peux encore mériter! ô possesseur d'inépuisables richesses!

Pour nous nous endurons le feu et le cachot et la poutre de notre maison n'est pas de cèdre!

Priez pour nous non pas afin que notre souffrance diminue, mais pour qu'elle augmente,

Et que finisse enfin le mal en nous et l'abomination de cette résistance détestée! »

Mais déjà l'Ange aux paupières baissées se dirige vers le peuple défunt avec le vase d'or qu'il a pris sur l'autel,

Tout rempli des prémices de la moisson terrestre,

La custode seulement et non point la coupe, car nous ne goûterons point de ce fruit de la vigne avant que nous le buvions nouveau dans le Royaume de Dieu.

Tientsin, 1908.

Processionnal pour saluer le siècle nouveau

La messe est dite, allons, l'action de grâce est finie.
Procedamus in pace in nomine Domini.

Comme un lépreux dont la peau de nouveau est saine et dont les ulcères sont séchés,
Ainsi l'homme qui va en paix après la rémission de ses péchés.

Comme Élie qui marcha trente jours vers l'Horeb, montagne de Dieu,
Ayant mangé de la force de ce pain cuit à la hâte sous le feu,

Et comme les Hébreux qui le bâton à la main suivant le rite légal
Mangeaient debout et les pieds dégagés pour la marche l'Agneau pascal,

Ainsi nous, comme les anciens patriarches qui fuyaient Sodome, campant sous le branchage et la tente,
Marchons, car nous n'avons pas ici d'habitation permanente.

Ce matin nous avons mangé dans la maison de notre Père,
Peu de fils pour un si grand festin et pour une si noble chère,

Car elle est de la chair même et du sang de Notre-Seigneur Jésus-Christ,
Qui est mort volontairement pour nous pécheurs ainsi que cela est écrit.

Peu de fils restés fidèles, mais quand nous serions moins encore, notre foi n'en est pas ébranlée,
Car les promesses de Dieu ne passent point et les paroles de l'homme ne sont que du vent et de la fumée.

Un rire bref comme le craquement des épines dans le feu.
Mais le pain que nous avons mangé est la chair et le sang du Fils de Dieu.

Seigneur, je ne suis pas digne que ce toit vous serve d'abri,
Mais dites seulement une parole et celui que vous aimez sera guéri.

Et maintenant la messe est dite, la profonde action de grâces est offerte.
Allons-nous-en au nom de Dieu vers la porte qui est ouverte.

Il est dur de quitter ce lieu où vous résidez dans votre tabernacle.
Et de reprendre le vieux chemin dans le sable et les herbes traîtresses et l'obstacle,

Et d'échanger la rumeur humaine au lieu de vos paroles éternelles.
Mais, nous vous adorons à cause de votre volonté qui est telle.

Heureux qui a part à votre calice et à qui les cordeaux sont tombés dans votre sanctuaire.
Mais pour nous un long chemin encore nous reste à faire.

Voici le monde extérieur où est notre devoir laïc,
Sans le mépris du prochain, avec amour du prochain, si je le puis, sans violence et passion inique,

Observant les Dix Commandements mieux qu'on voit que je ne le sus,
Faisant ma prière matin et soir et rendant à chacun ce qui lui est dû.

Voici la terre tout entière sous le soleil et la lune qui amènent la nuit et le jour,
La terre avec toutes ses productions, le ciel dessus et la mer qui est autour.

Je crois que Dieu est ici bien qu'il me soit caché.
Comme il est au ciel avec tous ses anges et dans le cœur de la Vierge sans péché,
Il est mêmement ici, dans la gare de chemin de fer et l'usine, dans la crèche, dans l'aire et dans le chais.

Louez, le ciel et la terre, le Seigneur.
Louez, les œuvres du matin et du soir, le Seigneur.

Kyrie eleison!
Christe eleison!
Kyrie eleison!

Comme le clergé et les fidèles à chacune des trois Rogations
S'en vont de bonne heure à travers la campagne en procession
Pour demander la benison de Dieu sur l'ouvrage des agriculteurs et sur les prémices des moissons,

Ainsi nous, en ce saint jour de l'Assomption,
Avançons-nous à la rencontre de la terre et de l'année arrivée à sa perfection.

En ce jour de la parfaite maturité entre la récolte et la vendange,
Où, toute chose étant accomplie, Marie Mère de Dieu mourut au milieu des Douze Apôtres et fut enlevée au ciel par les anges.

Un grain de blé a produit trente et l'autre soixante et l'autre cent grains de blé,
Mais soixante, trente ou cent, le nombre est atteint qui ne sera plus dépassé.

Toute chose est arrêtée, toute chose est consommée dans son fruit,
Toute semence est jugée dans la semence qu'elle a produit.

C'est le jour du Jugement où le Seigneur considère toute la terre,
Et où l'Intendant doit montrer ses comptes au propriétaire.

Avançons-nous sans crainte au milieu de ces Assises solennelles,
Considérant l'œuvre de nos mains et la bénédiction qui est sur elle,

Sachant que la figure de ce monde passe, comme passe la moisson mûre,
Mais pour nous nous sommes vos enfants et un certain commencement de votre créature.

Notre tour viendra bientôt d'être rassemblés dans votre grange et dans votre aire,
Quand la gloire du Dieu vivant éclatera comme un coup de tonnerre!

Comme l'éclair qui brille à la fois de l'orient jusqu'à l'occident,
Ainsi le Fils de l'Homme quand il paraîtra sur les nuées pour juger les morts et les vivants.

Il placera les bons à sa droite, il placera les boucs à sa gauche.
Seigneur, faites que je sois placé à votre droite et non point à votre gauche!

Ce n'est point mon affaire de comprendre, mais de prier dans l'amour et le tremblement.
Faites que je vous voie, Seigneur Jésus, avec ces yeux pleins de larmes, dans le jour de votre second Avènement!

Allez, maudits, au feu éternel, qui est préparé au démon et à ses anges!
Venez, les bien-aimés de mon père et que celui qui a faim et soif boive et mange!

Sainte Mère de Dieu, priez pour nous!
Tous les saints Anges et Archanges, priez pour nous!
Tous les saints Apôtres et Évangélistes, priez pour nous!
Tous les saints Martyrs, priez pour nous!
Tous les saints Docteurs et Confesseurs, priez pour nous!
Toutes les saintes Vierges et Veuves, priez pour nous!
Tous les Saints et Saintes, priez pour nous!

Ne craignons donc rien ici-bas, car que nous feront les hommes alors que le Tout-Puissant est avec nous?
Et nous sommes plus que beaucoup de petits oiseaux dont on vend la douzaine pour un sou.

Si le poids de l'heure est lourd et si les hommes sont ennuyeux,
Cela passera bientôt, et la part que tu souffres est peu.

Ne sois donc pas en tracas de toi-même et de la chose que tu bois et manges,
Considérant les corbeaux qui ne labourent ni ne récoltent dans leurs granges,

Et les lys des champs qui sont plus beaux que Salomon dans sa gloire!
Peux-tu ajouter une coudée à ta taille? le visage peut-il tromper le miroir?

Ne sois donc pas tourmenté ni exalté en toi-même, mais cherche premièrement le Royaume de Dieu et sa justice.
Le reste est peu, à chaque jour suffit sa malice.

Et la vie est plus que le pain et le corps plus que le vêtement.

— Je suis en paix avec tous les êtres qui sont sous le firmament!

Déjà la moitié de ma vie est faite et j'en suis acquitté pour toujours,
Elle ne recommencera plus, je vois devant moi le terme de la route et du jour.

Voici devant moi depuis le commencement du monde jusqu'à nos jours en une procession
Tous les patriarches et les saints suivant l'ordre de leurs générations.

Abraham genuit Isaac, Isaac autem genuit Jacob, Jacob autem genuit Judam et fratres ejus,
Et post multas generationes Jacob iterum genuit Joseph virum Mariae de qua natus est Christus.

Voici saint Pierre crucifié et voici saint Paul mon patron,
Qui écrivit les épîtres de la messe et qui eut la tête coupée sous l'empereur Néron.

Voici Étienne plein de grâce et de force et tous les martyrs, des païens, et des Juifs, et des hérétiques,
Dont les noms sont recensés au ciel et sur nos diptyques.

Voici les définisseurs de la foi, voici les docteurs de tous les conciles,
Les papes qui tinrent tête aux tyrans furieux et à la foule misérable et imbécile.

Car vous ne nous avez pas ordonné de vaincre, mais de n'être pas vaincus!

Et de garder le dépôt intact de la foi que nous avons reçue.

Voici l'immensité de tous mes frères vivants et morts, l'unanimité du peuple catholique,
Les douze tribus d'Israël réunies et les trois Églises en une seule basilique.

Voici le monde vaincu et Satan précipité.
Voici Jérusalem qui est construite comme une cité!

Voici la Vision de la Paix où toutes les larmes sont essuyées,
La restitution des Pauvres et le rafraîchissement des misérables,
Je vois devant moi ces choses qui ne paraissent pas croyables.

Voici tous les Saints du calendrier, répartis sur les quatre Saisons,
Les saints de glace et de braise, et ceux qui annoncent la sortie des bêtes et la fenaison,
Saint Médard et saint Barnabé, saints Crépin et Crépinien de Soissons,
Saint Martin et saint Vincent des vignerons, sainte Macre de Fère-en-Tardenois où est la fête de ce bourg,
Et sainte Luce en décembre où le jour est le plus court.

Le jour le plus long viendra qui sera le jour de ma mort,
Le jour de ténèbres viendra où je passerai le seuil de la mort!

En ce jour que mon âme ne soit pas absorbée par le Tartare,
Et que le signifère Michaël la représente dans le sein d'Abraham!

Mais que craindrais-je? quand je vois en avant de moi les martyrs et tous ceux-là qui ont fait leur long devoir en silence,
Et le groupe de toutes mes mères et sœurs, toutes les nobles femmes qui sont mortes avec décence.

Elles marchent devant moi avec une assurance modeste.
Et l'une parfois se retourne et me regarde, de ces yeux pleins d'une lumière céleste!

Anastasie et Apolline, Perpétue et Félicité,
Et le faon Emérentienne aux yeux bleus avec sa tête rouge et ses fauves cils baissés
Et le saint prêtre qui m'a confessé après ces années d'un triste délire.
Je vois devant moi les parents morts qui me regardent avec un doux sourire!
Disant : Suis-nous, fils de notre sang et recueille cet héritage qui est tien,
Et garde le serment de ton baptême et l'honneur de ton nom chrétien.

En arrière je vois tout cela qui a commencé avec moi selon l'année, mois et jour,
Tout cela qui est continu avec moi et qui existe avec moi pour toujours.

Je regarde et vois toutes mes années derrière moi et toutes mes actions bonnes et mauvaises.

Les mauvaises dont j'ai honte et les bonnes que je ne connais pas.

Les mauvaises sont effacées par le sang du Christ et par la pénitence.
Et s'il fut quelque bien de fait, que Dieu lui donne croissance!

Je vois derrière moi les choses que j'ai faites et voilà qu'elles commencent à vivre,
L'herbe qui pousse et les générations qui se lèvent pour me suivre,

Je donne la paix, je ressens sur moi la paix de tous mes frères anonymes.
Qu'ils grandissent avec moi dans vos biens comme croissent les moissons unanimes.

Comme au pays de ma naissance s'étendent les immenses moissons égales,
Là où l'Oise et l'Aisne sans un frisson s'unissent comme deux époux dans le profond amour conjugal.

Je vois ma femme près de moi et je vois mon enfant clair et triomphant
Qui donne de grands coups de pied dans son berceau et qui rit aux éclats dans le soleil levant.

Il gazouille au soleil levant, son petit cœur tout rempli d'une joie innocente,
Parce que Dieu ne l'a point créé pour la mort, mais pour la vie de la vision vivante!

Nous vous louons, Seigneur. Nous vous bénissons. Nous vous adorons.
Nous vous rendons grâces à cause de votre grande gloire!

Je vous rends grâces tout debout, les deux pieds sur ce sol qui m'a produit,
En ce jour qui n'est pas hier ni demain, mais aujourd'hui.

Je crois sans y changer un seul point ce que mes pères ont cru avant moi,
Confessant le Sauveur des hommes et Jésus qui est mort sur la croix,

Confessant le Père qui est Dieu, et le Fils qui est Dieu, et le Saint-Esprit qui est Dieu,
Et cependant non pas trois dieux, mais un seul Dieu,

Et le Père qui est éternel, et le Fils qui est éternel, et le Saint-Esprit qui est éternel,
Et cependant non pas trois éternels, mais un seul Dieu éternel,

Et le Père qui engendre et le Fils qui est engendré et qui vit,
Et le Saint-Esprit qui n'engendre ni n'est engendré, mais qui procède du Père et du Fils.

Shanhaikwan, août 1907.

La Cantate
à trois voix

Læta — Fausta — Beata

LÆTA

Cette heure qui est entre le printemps et l'été...

FAUSTA

Entre ce soir et demain l'heure seule qui est laissée...

BEATA

Sommeil sans aucun sommeil avant que ne renaisse le soleil...

LÆTA

Nuit sans aucune nuit...

FAUSTA

Pleine d'oiseaux mystérieux sans cesse et du chant qu'on entend quand il est fini...

LÆTA

... De feuilles et d'un faible cri, et de mots tout bas, et du bruit...

FAUSTA

De l'eau lointaine qui tombe et du vent qui fuit!

BEATA

Ciel tout pur sans nulle souillure, Azur que la large lune emplit!

LÆTA

Heure sereine!

FAUSTA

Tristesse et peine...

LÆTA

Larmes vaines! tristesse et peine qui est vaine...

FAUSTA

Larmes en vain, peine vaine...

BEATA

De ce jour qui est accompli!

LÆTA

Le printemps est déjà fini.

BEATA

Demain c'est le grand Été qui commence!

FAUSTA

Le jour immense!

LÆTA

Le fruit de la terre immense!

FAUSTA

Le jour qui dure!

BEATA

Le ciel tout pur et le soleil par excellence!

LÆTA

Maintenant c'est la nuit encore!

FAUSTA

Maintenant pour un peu de temps, encore...

LÆTA

...Que tardive et que menacée...

BEATA

C'est la dernière nuit avant l'Été!

FAUSTA

Quelle est belle!

LÆTA

Le signe continuel   de ce sapin sur le ciel...

FAUSTA

Qu'il est sombre et solennel!

LÆTA

Chante, raconte, appelle, oiseau, Philomèle!

BEATA

Jupiter...

FAUSTA

...Luit sur nous, triomphal et vert.

BEATA

Vénus...

FAUSTA

...N'est plus, et déjà, portant nos présents avec elle, *aurum et thus.*

LÆTA

...Ayant passé de l'autre côté...

FAUSTA

...Future, laissant ce qui est éteint...

LÆTA

...Nous précède dans le matin!

BEATA

Ah, sans nous donner le bonheur, notre droit,
La laisserons-nous tarir   encore, sans rien saisir,
Cette heure qui n'est qu'une fois?

FAUSTA

Le moment   d'où tout dépend.

LÆTA

Le mot suprême de l'année
De la terre qui désire   encore et qui veut parler!

FAUSTA

Et de ce ciel autour de nous omniprésent
Qui palpite, qui sait tout, et qui attend?

LÆTA

Quand le matin est une seule chose avec le soir.

FAUSTA

Et qu'au sein du jour illusoire
Qui s'assoupit, s'affranchit peu à peu la mémoire.

BEATA

Le regret s'est éteint avec l'espoir.

LÆTA

Et qu'est-ce qui demeure?

BEATA

Le seul bonheur.

LÆTA

Je n'entends que le vent tout bas et l'eau qui pleure!

FAUSTA

... Le battement à peine de mon cœur...

LÆTA

Et le long météore tout à coup qui éclate et qui tombe en cendres!

BEATA

C'est que vous ne savez pas entendre —

LÆTA

Le ciel un instant épanoui...

FAUSTA

Ne nous montre que la nuit.

LÆTA

Argus de toutes parts dans sa gloire...

FAUSTA

Cerne Iô qui est aveugle et noire.

BEATA

C'est que vous ne savez pas voir.

FAUSTA

Parle, toi, Beata, nous sommes là, celle-ci et moi.

BEATA

Toutes trois parées...

LÆTA

Les bras et le sein dévoilés...

FAUSTA

Assises...

BEATA

La face levée au ciel...

FAUSTA

Nulle de l'autre regardée...

LÆTA

...Assises et demi-renversées
En robes solennelles
D'où dépasse la pointe d'un pied doré!

FAUSTA

Celui que j'aime...

LÆTA

...Celui que j'épouse demain
M'aimera-t-il toujours de même?

FAUSTA

Celui que j'aime,
Celui qui m'a quittée et qui est au loin
Va-t-il revenir demain?

BEATA

Celui que j'aime
N'est plus, demain vers moi ne le ramènera jamais plus.

LÆTA

Mort, dis-tu?

FAUSTA

Jamais il ne te sera rendu!

BEATA

Jamais il ne m'échappera plus.

LÆTA

Et c'est toi qui nous parles de bonheur?

BEATA

Tout est fini pour moi de ce qui meurt.

FAUSTA

Que reste-t-il alors que tout est fini?

BEATA

Cette heure-ci qui n'est ni le jour, ni la nuit.

FAUSTA

Tout passe qui a commencé.

BEATA

Excepté
Cette heure même qui est entre le Printemps et l'Été.

LÆTA

Quoi, cet instant de l'année extrême et le plus aigu...

FAUSTA

Quand tout atteint le sommet et demande à n'être plus...

LÆTA

Quelle demeure   y trouveras-tu, et leurre   de quelle vertu ?

FAUSTA

Demain nous ne serons plus belles.

LÆTA

Nous ne sommes que de pauvres femmes un moment, faibles et frêles.

BEATA

Mais invitées en ce jour parmi les choses éternelles.

FAUSTA

Parle pour nous trois, Beata.

BEATA

Et que faut-il que je dise?

FAUSTA

Chante, explique,
Ce qu'au fond de mon cœur je comprends déjà
Obscurément, comment   ce moment unique,
Suprême et le plus aigu,
Pour un moment est déjà ce qui ne passera plus.

BEATA

Et toi, que dis-tu, Læta?

LÆTA

Laisse-moi et chante!
Que j'entende seulement dans le clair de lune une voix de femme éclatante,
Puissante et grave, persuasive et suave,
Avec la mienne en même temps en silence qui la devance et qui invente
Et tout bas lui donne l'octave!

FAUSTA

Et ces deux voix de tes sœurs   prêtes à se lever
Sous la tienne, explique-leur   pourquoi
Le bonheur
Est de cette heure même
Où celui que notre cœur aime nous manque.

LÆTA

Dis   seulement   la rose!

BEATA

Quelle rose?

LÆTA

... Du monde entier en cette fleur suprême éclose!

CANTIQUE DE LA ROSE

BEATA

Je dirai, puisque tu le veux,
La rose, Qu'est-ce que la rose? O rose!
Eh quoi! lorsque nous respirons   cette odeur qui fait vivre les dieux,
N'arriverons-nous qu'à ce petit cœur insubsistant
Qui, dès qu'on le saisit entre ses doigts, s'effeuille et fond,
Comme d'une chair sur elle-même toute en son propre baiser
Mille fois resserrée et repliée?

Ah, je vous le dis, ce n'est point la rose ! c'est son odeur
Une seconde respirée qui est éternelle !
Non le parfum de la rose ! c'est celui de toute la Chose que Dieu a faite en son été !
Aucune rose ! mais cette parole parfaite en une circonférence ineffable
En qui toute chose enfin pour un moment à cette heure suprême est née !
O paradis dans les ténèbres !
C'est la réalité un instant pour nous qui éclôt sous ces voiles fragiles et la profonde délice à notre âme de toute chose que Dieu a faite !
Quoi de plus mortel à exhaler pour un être périssable
Que l'éternelle essence et pour une seconde l'inépuisable odeur de la rose ?
Plus une chose meurt, plus elle arrive au bout d'elle-même,
Plus elle expire de ce mot qu'elle ne peut dire et de ce secret qui la tire !
Ah, qu'au milieu de l'année cet instant de l'éternité est fragile, extrême et suspendu !
— Et nous trois, Læta, Fausta, Beata,
N'appartenons-nous pas à ce jardin aussi,
A ce moment qui est entre le printemps et l'été un peu de nuit,
(Comme d'yeux pour un moment qui se ferment dans la volupté)
Avec pour notre parfum la voix et ce cœur qui s'ouvre,
Pour entre les bras de celui qui nous aime être cette rose impuissante à mourir !
Ah, l'important n'est pas de vivre, mais de mourir et d'être consommé !
Et de savoir en un autre cœur ce lieu d'où le retour est perdu,

Aussi fragile à un touchement de la main que la rose qui s'évanouit entre les doigts!

Et la rose fleurit vaguement : un seul soir,

Et de chaque tige le complexe papillon à l'aile d'elle-même prisonnière a fui!

Mais toi, mon âme, dis : Je ne suis pas née en vain et celui qui est appelé à me cueillir existe!

Ah, qu'il reste un peu à l'écart! je le veux, qu'il reste encore un peu de temps à l'écart!

Puisque où serait la foi, s'il était là? où serait le temps? où le risque? où serait le désir? et comment devenir pleinement, s'il était là, une rose?

C'est son absence seule qui nous fait naître

Et qui sous le mortel hiver et le printemps incertain compose

Entre les feuilles épineuses parfaite enfin la rouge fleur du désir en son ardente géométrie!

— Et demain déjà expirent ces noces de la terre et il n'y aura plus de nuit.

Mais qu'importe, si, par delà le vide immense de l'été et l'hiver qui l'approfondit,

Les vierges de notre sérail déjà dans le jardin futur saluent leurs sœurs reparaissantes?

Qui a trouvé le bonheur rencontre une enceinte sans défaut,

Tels l'un sous l'autre les pétales de la fleur sacrée,

D'un tel art insérés qu'on n'y trouve rien qui commence et aucune fin.

Où je suis, vous êtes là, mes sœurs avec moi,

Et nos mains mystiquement ne sont pas disjointes quoique la lune éclaire tour à tour nos visages.

Qui possède l'une tient les deux autres ensemble, prisonnier désormais comme le nombre l'est de la puissance.

Où manque la rose, le fruit ne fait pas défaut.

Où cesse le baiser, le chant jaillit!

Où le soleil se cache, éclate le ciel!
Nous ne sommes point sortis de ce paradis de délices où Dieu d'abord nous a placés,
(Et le jardin seulement, comme son possesseur, est blessé.)
Son enceinte est plus infranchissable que le feu et son calice d'un tel tissu
Que Dieu lui-même avec nous n'y trouve point d'issue.

FAUSTA

Que de femmes avant nous ont fait le même chant en ce lieu!

LÆTA

D'où l'on découvre l'*Alba Via* et le vaste creux...

FAUSTA

... Où s'embranchent six vallées comme les rais sur le moyeu;

LÆTA

Dix routes blanches, phosphorescentes, qui reparaissent et se nouent et disparaissent et serpentent...

FAUSTA

... Cent villages aux vieux noms latins, Artemare, Virieu, Biollaz, Maximieu, Chandossin...

LÆTA

... Hostel qui veut dire à la fois la Porte, et le Refuge, et l'Autel...

FAUSTA

... A l'entrée de cette vallée de lait d'où stille un vin violet,

LÆTA

Hostel, pressoir et autel, lieu de libation et d'auspices,
Dont indice sous mon pied cette pierre qui sort de la terre,
Montrant le taureau Phrygien et le couteau de sacrifice.

FAUSTA

Entre ces deux promontoires qui barrent l'aurore et le soir,
Que le soleil l'un après l'autre colore,
Le Colombier et la Montagne-de-Colère,
Se baisant, se couvrant de leur ombre tour à tour comme deux bœufs accouplés qui se lèchent l'un à l'autre l'encolure.

LÆTA

Heureuse nuit!

FAUSTA

Où monte aux lèvres de Nature la fleur et l'ambroisie...

LÆTA

... De la fraise des bois et de la cerise prête à être cueillie!

BEATA

Que de filles avant toi comme toi prêtes à être cueillies...

FAUSTA

... En ce temps court où la moisson non plus verte est blanche et pas encore jaune...

BEATA

... D'ici même avant toi comme toi ont regardé vers le Rhône!

CANTIQUE DU RHONE

LÆTA

Qu'il est beau, le navire noir que le vent et cette brise même sur mon visage
 Amène tout droit en quelques instants du fond de la mer,
 Quand il laisse tomber son antenne, et tourne, et se couche sur le côté!
 Qu'ils sont beaux, les pieds de celui qui à travers l'immense plage de sable éblouissant,
 Se met en devoir d'atteindre la patrie,
 Les pieds de celui qui annonce la victoire!
 Il vole sur ses pieds ailés, chassant la terre d'un orteil impétueux,
 Et les vierges qui le regardent du haut de la colline voient deux nuages de poussière tour à tour s'élever sous ses sandales!
 Et qu'il est beau, le fiancé, quand enfin, à ce tournant du Rhône,
 Il apparaît, le premier parmi la troupe équestre de ses frères,

Lui entre tous les jeunes gens de son âge le plus grand et le plus beau, vêtu d'armes qui jettent l'éclair!

Ah, qu'il la prenne déracinée et perdant l'âme entre ses bras,

Comme une grande urne pleine d'un vin sans prix que l'on met debout pour la table d'un dieu, oscillant sur sa pointe aiguë!

Car à quoi sert d'être une femme sinon pour être cueillie?

Et cette rose sinon pour être dévorée? Et d'être jamais née

Sinon pour être à un autre et la proie d'un puissant lion?

Ah, qu'il me prenne sur son cœur et jamais ses bras ne me paraîtront trop durs,

Et qu'il me tue s'il veut pourvu qu'il ne me laisse poin, échapper!

Que d'autres louent la rose et moi je louerai l'homme libre, imprenable, inattendu,

Le mâle, le maître, le premier, l'animateur.

L'homme qui a reçu de Dieu même origine et ne relève que de lui seul!

Et le bonheur est une forte prison. Mais à quoi serviraient la coupe close de ce lac enchanté et les rets de cette nuit d'amour où le pas du soleil même prêt à revenir hésite,

S'il n'y avait le Rhône, je le sais, pour nous en faire sortir et les sonnantes eaux de ce fleuve armé qu'aucun rivage ne captive!

Ce n'est point de la terre qu'il sort, c'est du ciel qu'il descend directement! Et voyez autour de nous,

L'Europe autour de nous de toutes parts pour le recueillir profondément exfoliée se lever et s'ouvrir comme une rose immense,

La terre, jusqu'aux suprêmes glaciers du ciel même liminaires, avec ces longs pans de murs concentriques l'un sur l'autre,

Se lever et s'ouvrir comme une cité en ruines et comme une rose dévastée!

Il faut bien des montagnes pour un seul Rhône!

Il n'y a qu'un seul Rhône et cent Vierges pour lui dans les altitudes!

Il n'y a qu'un seul Rhône et pour ce taureau unique

Mille lieues de montagnes, cent Vierges, vingt Cornes farouches,

Vingt Colosses dans l'air irrespiré chargés d'une pesante armure, vingt cimes recueillant les souffles des quatre coins du monde,

Vingt Visages recueillant la bénédiction des Cieux illimités et la déversant de tous côtés vers la terre en un flot torrentiel et solide,

En un pan de verre, en une seule masse d'or, en une cataracte immatérielle, en une Chute aussi fixe que l'Extase!

Cent montagnes et au milieu d'elles un seul Rhône

Intarissablement nourri des mamelles glacées de l'Altitude et des glandes gorgées de la morasse!

Le voici livré à la terre et qui de la terre qu'il parcourt toujours trouve l'endroit le plus profond,

Lui, le Violent, avec une souveraine délicatesse épousant la pente la plus insensible!

Toutes les sources de bien loin entendent sa voix, comme les vaches qui de cime en cime répondent à la corne du pasteur!

Tout conflue vers lui et la lente Saône déjà est en marche pour le rencontrer

Salut, Rhône, buveur de la terre et aspirateur de cette rose immense autour de toi et le trait irrésistiblement du sang animateur qui donne à tout son sens!

Au-dessus de tout, ce qui est Immaculé et l'éternel diadème dans l'altitude!

Puis ce céleste jardin dans les nues où toutes fleurs poussent d'elles-mêmes, et l'herbe, puis la forêt,

Et puis, après les pâturages, la vigne aux flancs rebondis de la montagne,
Exploitant les avant-corps de tout l'ouvrage et les piles accumulées des bastions et des buffets,
Et le torrent, se faisant jour sous les pampres, vers la plaine jaillit d'une lèvre de marbre!
Et dans le fond tout en bas se mêlant aux premiers roseaux l'or fluide des moissons!
Et tout cela finit au Rhône qui l'entraîne, à ce trait qui donne le branle à tout,
Comme le feu qui tire et d'une ville incendiée ne fait qu'un seul sacrifice!
Car à quoi servent les pieds sinon à se joindre à la course qui les entraîne? et le cœur
Sinon à compter le temps et attendre la seconde imminente?
Et la voix, sinon à joindre la voix qui a commencé avant elle?
Et la vie, sinon a être donnée? et la femme, sinon à être une femme entre les bras d'un homme?

FAUSTA

Et la lune, sinon à avoir le soleil?

LÆTA

A avoir le soleil.

BEATA

A avoir pendant la nuit le soleil!

FAUSTA

La voici qui règne sur nous, ıiface et vermeille,
Remplissant tout!

BEATA

Possédant tout!
L'astre-de-toute-la-nuit qui remplace le sommeil.

FAUSTA

Cette lampe qui est entre le ciel et la terre...

BEATA

Ce miroir bien poli dans le ciel qui réfléchit et qui considère...

FAUSTA

La lune en marche vers la mer...

BEATA

Que suit une marée d'âmes endormies...

FAUSTA

Soulevant, pénétrant l'âme, appelant, dilatant, détachant l'âme du corps...

LÆTA

Ce soleil qui est entre l'âme et le corps...

FAUSTA

Du sommeil qui est entre la mort et la vie!

BEATA

Il est minuit.

FAUSTA

O lieu que le jour nous cachait!

LÆTA

O lieu que mon cœur cherchait!

FAUSTA

Sous la lampe mystérieuse...

LÆTA

Délectable et ténébreuse...

FAUSTA

Après tant de jours mauvais...

LÆTA

La terre devinée...

FAUSTA

Le paradis retrouvé...

BEATA

L'Eden ancien...

FAUSTA

Te retrouvons-nous enfin,

BEATA

Terre de Gessen...

LÆTA

Nouveau et le même Eden...

FAUSTA

Avec tes montagnes, les mêmes...

LÆTA

Tes monts que je reconnais..

FAUSTA

Jérusalem!

BEATA

O terre que je reconnais...

FAUSTA

Notre séjour, à jamais...

BEATA

Solitaire cité!...

FAUSTA

Manifestée moins qu'évoquée...

LÆTA

Présente moins que remémorée...

BEATA
Lieu de la paix!...

LÆTA
Découvrant au cœur qui renaît...

FAUSTA
Ta vaste complicité...

LÆTA
Entre le jour et la nuit...

FAUSTA
Entre la mort et la vie...

BEATA
Bienheureuse nécessité!

LÆTA
Il ne sort pas du jardin...

FAUSTA
Celui qu'une femme y retient...

LÆTA
Avec un lien très étroit...

FAUSTA

La paire de ses bras...

BEATA

Une femme, non, mais trois...

LÆTA

Toutes deux avec moi...

FAUSTA

Ces filles et ces voix...

LÆTA

De la terre sourde et sombre...

BEATA

La Vigne, le Froment et l'Ombre!

CANTIQUE DE LA VIGNE

LÆTA

Ah, si cet homme ne veut pas en cueillir la grappe,
Ah, s'il ne veut pas en respirer les fumées et accoler ardemment ce flanc même de la terre des aïeux qui lui ouvre sa veine libérale,
Ah, s'il veut continuer à faire le juge,

*Ah, s'il tient à conserver son petit jugement et sa raison
et ne pas se livrer au feu qui de tous côtés en lui craque et
part en flammes et en étincelles,*

Faisant chaleur et lumière de tout,

*Alors il ne fallait pas planter au coin le plus chéri de
soleil entre les pierres brûlantes, continuant le soleil par
maintes racines profondes et acharnées,*

*La vigne, fille du déluge, et signe mystérieux de notre
salut !*

*Ah, s'il méprise la grappe, il ne fallait pas planter la
vigne, et qui méprise le calice, il ne fallait pas planter la
joie !*

*Qui donc a inventé de mettre le soleil dans notre verre
comme si c'était de l'eau qui tient toute ensemble,*

Exprimant cette grappe qui s'en est de longs mois gorgée ?

*Qui donc a inventé de mettre le feu dans notre verre, le
feu même et ce jaune-et-rouge qu'on remue dans le four avec
un crochet de fer*

Et la braise du patient tison ?

*C'est un dieu sans doute et non pas un homme qui a
inventé de joindre, comme pour notre sang même,*

Le feu à l'eau !

*Un dieu, je vous le déclare, et non un homme, qui a inventé
de faire tenir ensemble dans un verre*

*Et la chaleur du soleil, et la couleur de la rose, et le goût
du sang, et la tentation de l'eau qui est propre à être bue !*

Et qui nous a donné en une même coupe à boire,

*Pour libérer notre âme à la fois l'eau qui dissout et le feu
qui dévore !*

Ah, s'il ne veut point qu'elle le croie,

*Il ne fallait pas que cet homme prenne la jeune fille par
la main et lui dise qu'il l'aime et qu'elle est belle.*

*Ah, s'il ne veut pas l'emmener, il ne fallait pas lui prendre
la main !*

Ah, s'il ne veut pas épuiser la coupe, il ne faut pas y mettre les lèvres!

Car ce n'est pas une amphore vacillante qu'il tient entre ses bras,

Et quelle force a le vin auprès d'un cœur pur? et quelle chaleur

Le feu intérieur à l'eau

Auprès de celle que fait une âme immortelle avec le corps?

Et près de cet esprit vivant, qu'est le vin qui plaît aux morts mêmes et que l'on couche avec eux dans leur tombe?

Car ce n'est pas en aucun autre moment, mais en celui-ci même, que nous posséderons cette femme qui est une seule avec son corps et en qui tout tient ensemble!

Et s'il ne veut point le calice, il n'y a point besoin de la vigne!

Et s'il ne veut que manger, le pain épais suffit.

Mais ce qui nourrit le corps à l'âme n'est pas chose désaltérante.

Ah, s'il est avare et s'il n'aime que ces choses qu'on acquiert l'une après l'autre,

Ah, s'il est lent et patient et circonspect, et si toute bonne fortune le trouve incertain et éperdu, et s'il n'a pas ce grand vide en lui toujours prêt,

Ah, s'il a toujours quelque chose à faire au préalable et besoin de s'enquérir et de juger et de savoir et de raisonner,

Ah, qu'il ne mette point les lèvres à cette coupe qui raccourcit le temps et nous donne tout à la fois!

Car ah, cette vie est trop longue et le temps est ennuyeux, et le moment seul est éternel qui n'a aucune durée!

Que ferons-nous, qui ne puis être une femme qu'entre ses bras et une coupe de vin que dans son cœur,

S'il ne veut point accueillir cela qui n'a point de temps et qui lui vient d'ailleurs?

Ah, s'il tient à rester intact, il ne faut point étreindre le feu!
Et si pour lui la coupe est inattendue,
Que sera-ce de la femme? Que sera-ce de la mort?
— J'ai dit la vigne, et toi, dis, Fausta, le froment.

BEATA

Pensive Fausta!

LÆTA

Patiente Fausta!

BEATA

Blonde étrangère!

LÆTA

Maîtresse de cette terre, l'ayant achetée,

BEATA

Comme elle dorée!

LÆTA

Dis-nous le blé.

BEATA

Le froment blanc couleur de lune avant que ce soit du soleil et d'argent
Avant qu'il ait la ressemblar de l'or!

LÆTA

L'herbe qui se décolore!
L'épi épais, le grain plein de lait encore,
Lourd et presque mûr.

153

FAUSTA

La moisson déjà blanche!

BEATA

L'âme sans support qui penche,
Lourde et presque mûre.

LÆTA

Mais déjà ce n'est plus hier, mais aujourd'hui.

BEATA

Déjà au sein de la nuit...

FAUSTA

Commence Dimanche!
Et l'attente ne se distingue plus du matin
Où celui que j'aime revient,
Peut-être.

BEATA

Une longue attente, Fausta!

LÆTA

Patiente Fausta!

BEATA

Longue, patiente Fausta!

CANTIQUE DU PEUPLE DIVISÉ

FAUSTA

Vous m'appelez patiente, mais c'est l'amour seul qui m'enferme entre ces montagnes d'où l'on ne peut sortir !

Dites, qui me rendra l'espace libre et cet âpre coup de vent de la liberté qui vous enlève comme un garçon brutal qui fait sauter sa danseuse entre ses deux mains !

Ah, qui ne parle de liberté ? mais pour comprendre ce que c'est,

Il faut avoir été captif, et hors-la-loi, et avoir fui !

Et me voici comme un oiseau blessé, tombé de la horde migratrice, qui fait son nid dans la basse-cour sous une charrette !

... Et exilé pour comprendre la patrie !

Ah, qui me rendra la patrie, et cette mer de blé obscurément, plus paisible que la soie, qui déferlait à mes pieds dans la nuit de juillet vague à vague !

Ah, seulement pour un moment, deux voix qui querellent dans la langue de mon pays, et le tintement d'une guitare Cosaque, et ce feu suspect là-bas dans les aunes de la Vistule !

Ce ne sont pas vos misérables lopins de champs tout déchirés,

C'est la terre profonde à la hauteur de mon cœur

Du souffle de la nuit tout entière animée qui soupire et qui déferle en un seul flot,

Un tel déluge de toutes parts de la vie respirante et montueuse que le feu d'un astre pourrait claquer dessus comme la pluie sur de l'eau !

Comme les poissons vivent dans l'eau et les petits oiseaux dans la forêt, c'est ainsi que les hommes de mon pays
Vivent au sein de l'immense moisson et de cette mer qu'ils ont faite.
Et le vent d'un seul côté sur cette houle infinie apporte le sens de leurs existences à mon âme,
Unies à l'immense Cérès!
— Et maintenant cette moisson de l'exil est mûre, mais je sais qu'il me reconnaîtra et que mes yeux n'ont point changé.
Ah, que je revoie encore ce visage caressant et fermé, et ce frère qui ne peut quitter le masque, et ce sourire lentement sur ces lèvres, terrible à voir!
Nous seuls savons ce que nous avons souffert.
Et la moisson est mûre, mais je sais que mes yeux n'ont point changé, tels que de la fière jeune fille que jadis il fit céder,
Ces deux yeux bleus dans les siens, pleins d'une ivresse glacée!
Et je suppose que son cœur m'est ouvert, mais je sais que son esprit m'est fermé, et il ne me dit point ce qu'il pense.
Læta, joyeuse fille du sol latin! et toi, obscure Égyptienne à ma gauche! votre sort n'est pas si heureux que le mien.
Heureux celui qui aime, mais plus heureux celui qui sert et dont on a besoin, et ces deux que le besoin indissoluble
Relie comme une troisième personne!
Demain est là où cesse notre absence!
Et ce n'est pas seulement lui et moi, c'est tout un peuple en nous qui désire et qui est partagé.
Entre l'Orient et l'Occident, là où les eaux se partagent sans pente,
Au centre de l'Europe il y a un peuple divisé.
Ni la nature ne lui a donné de frontières, ni la naissance de roi, et c'est l'homme seul qui le limite de tous côtés :

Mais ils avaient envahi leur terre comme une céréale.
Et ses voisins se le sont partagé en trois parts, comme si, quand le vent souffle, les bornes et les poteaux
Empêchaient la moisson d'onduler d'un bout à l'autre et cette mer prisonnière de ses racines !
Au centre de trois peuples il y a un peuple submergé.
Dieu l'a voulu ainsi afin qu'entre l'Est et l'Ouest, entre l'hérésie et le schisme, là où l'Europe s'arrache en trois morceaux,
Il y ait un sacrifice perpétuel et un peuple selon son cœur :
Et le nom même de la Pologne n'est pas retrouvé sur la carte.
Ni la nature n'en a fait une seule chose, ni le sang, ni l'autorité, ni la coutume, ni aucun intérêt de ce mondes
Et il n'y a chez lui riches ni pauvres, et tous sont également sous la meule,
Mais seulement une volonté commune et l'amour, et le, cœurs de ces trois multitudes qui désirent l'une vers l'autre,
A la ressemblance des trois Églises,
Un seul peuple dans les trois Vertus,
Dans la Foi, et la Charité, et l'Espérance, hors de tout espoir humain.
Et la dernière fois que j'ai vu mon mari (avant qu'une mission sans espoir l'appelât ailleurs).
Je me souviens ! c'est une nuit comme celle-ci,
Quelque part au centre de l'Europe, dans un vieux parc royal, sous le tilleul Bohême.
Nous étions là devant quelques coupes, une douzaine prêts à nous séparer,
Et l'on ne voyait dans la nuit que le point rouge d'une cigarette aux lèvres de deux ou trois.
(Tous sont morts.)
Et éclairant le beau col nu à la petite oreille soudain l'éclair d'un diamant

Comme une grosse goutte sous d'épais cheveux noirs empruntée à des eaux immatérielles.
Et l'on n'entendait rien que dans les avenues immenses le roulement sourd d'un équipage,
Et le dialogue bien loin, aux deux extrémités de ce jardin, d'orchestres opposés,
Dont le vent faible étrangement tour à tour unissait et divisait les cuivres.

LÆTA

Qu'importe, s'il revient?

FAUSTA

Hôte entre mes bras d'un seul jour et qui repart demain

LÆTA

Ne peux-tu le retenir?

FAUSTA

Mon affaire n'est pas de savoir, mais d'obéir.

LÆTA

Mais il t'aime, tu le sais.

FAUSTA

Je ne lui ai jamais demandé.

LÆTA

Sauve le temps qui est court!

FAUSTA

J'ai sauvé du temps qui passe l'amour.

LÆTA

Quel est cet abri contre le temps, ma sœur?

FAUSTA

La Chambre Intérieure.

LÆTA

Tout est soumis au temps.

FAUSTA

Excepté cependant...

BEATA

— L'absence.

LÆTA

— L'espoir joyeux qui le devance!

FAUSTA

... Le cœur qui lui donne naissance.

LÆTA

Tout passe avec le soleil.

FAUSTA

Le soleil s'est arrêté.

BEATA

L'œil s'est formé.

LÆTA

Dis-nous, Fausta, le sommeil.

BEATA

La patience du cœur qui veille.

CANTIQUE DE LA CHAMBRE INTÉRIEURE

FAUSTA

C'est en vain que la distance et le sort nous divisent!
Je n'ai qu'à rentrer dans mon cœur pour être avec lui et qu'à fermer les yeux
Pour cesser d'être en ce lieu où il n'est pas.
Cette liberté du moins, je la lui ai retirée, et il ne dépend pas de lui de ne pas être avec moi.
Et je ne sais s'il m'aime, ses desseins me sont inconnus et l'accès de sa pensée m'est interdit.
Mais je sais qu'il ne peut se passer de moi.
Il voyage, et je suis ici. Et où qu'il aille, c'est moi qui lui donne à manger et qui lui permets de vivre.

Et à quoi, si je n'étais ici, lui serviraient ces moissons autour de nous ?

A quoi tous ces fruits de la terre, si je n'étais ici au milieu qui tiens la huche, et le moulin, et le pressoir ? et qui ordonne tout.

A quoi tout ce domaine,

S'il n'y avait de toutes parts, par où descendent les chars de foin et, l'hiver, les longs sapins branlants attelés de deux paires de bœufs,

L'Alba Via et les chemins qui conduisent vers la maison ?

S'il n'était loin de moi, si je n'étais loin de mon époux ici, administrant ces biens,

Le besoin qu'il a de moi ne serait pas aussi grand.

Car ce n'est aucune molle complaisance qui nous unit et l'étreinte d'une minute seule,

Mais la force qui attache la pierre à sa base et la nécessité pure et simple sans aucune douceur.

Et je sais qu'il est là tout à l'heure.

Mais que m'importent ce visage fermé, et ce sourire ambigu, et ce cœur qui ne se livre pas !

Et moi, est-ce que je lui livre le mien ?

Nous ne fîmes pas ces conditions, le jour de nos épousailles.

Qu'il garde son secret, et moi je garde le mien.

Ah, s'il m'ouvrait son cœur, voudrais-je le laisser partir encor ?

Et si je lui ouvrais le mien, s'il connaissait cette place qu'il a avec moi,

Il ne me quitterait point de nouveau !

Dieu m'a posée sa gardienne.

Moi qui suis faite pour l'aider, vais-je être son entrave ?

Moi qui suis faite pour être son port, et son arsenal, et sa tour,

Vais-je être sa prison ? vais-je trahir la patrie ?

La force qui lui reste, vais-je la lui retirer ?

Ah, du moins qu'il m'épargne! qu'il ne sollicite point cette part de mon âme la plus réservée,
Cette chambre qu'à lui-même il ne faut pas ouvrir,
De peur que je ne lui cède!
Qu'il ne me rende point la défense trop difficile,
S'il ne veut que je lui ouvre cette porte fatale qui ne permet point le retour!
Qu'il ne demande point trop à la fois,
S'il veut que la moisson devienne de l'or!
Qu'il ne vienne pas à moi comme dans les songes avec cet étrange sourire!
Ah, je sais que cette nuit nous trompe et le jour reviendra encore!
Et quand je rêve, je sais que c'est un rêve et que je suis dans ses bras cette colonne vivante et voilée qu'on étreint comme un candélabre de deuil!
Que je serve, c'est assez. Je sais qu'un jour je m'éveillerai entre ses bras!
Maintenant je dors et si j'ouvre les yeux une seconde,
Je ne vois autour de moi que de l'or et de tous côtés la couleur de la moisson!

LÆTA

L'or de ces champs qui t'appartiennent.

FAUSTA

... D'une terre qui n'est pas la mienne!

LÆTA

Devine...

BEATA

... Sous le voile qui cache et illumine...

LÆTA

... Montagnes et collines...

BEATA

... La moisson immense et clandestine!

FAUSTA

Richesse vaine!

LÆTA

Montagne et plaine...

BEATA

Vignobles et moissons...

LÆTA

Laitages et toisons...

BEATA

Examine...

LÆTA

Imagine...

BEATA

Devine ton domaine...

LÆTA

Patiente Fausta...

BEATA

Puissante Fausta...

LÆTA

Fruit de ta patience et de ta peine!

FAUSTA

Patience en vain! peine vaine!

BEATA

Qu'importe demain?

LÆTA

Écoute!

BEATA

Entends de là-bas qui vient,

LÆTA

Sur l'aile du vent qui se lève,

BEATA

Le premier souffle, pas encore!

LÆTA

Du matin...

BEATA

Par qui le conseil en vain

LÆTA

Cesse aux feuillages qui rêvent

BEATA

Du silence qui s'éteint,

LÆTA

Des mystères qui s'achèvent,

BEATA

Le bruit à peine distinct,

LÆTA

La syllabe, longue et brève,

BEATA

Profond et presque indistinct,

FAUSTA

Du fleuve qui n'est pas le mien!

LÆTA

Le ciel du moins est à tous, le même pour tous.

BEATA

Qu'il est beau! Ah, quelle paix! quelle lumière!

LÆTA

Aussi douce aux regards, Beata, que le pétale d'une rose blanche l'est à la peau!

BEATA

Quelle paix!

LÆTA

C'est ainsi que par une telle nuit j'ai entendu le bienheureux lac appelé *Bodensee* à petits coups heurter sa conque d'herbage,
Et sous le bois où le dernier rossignol vocalise
Sa nappe jusqu'à nos cœurs expirer en syllabes allemandes,
De ces eaux qui dans le feuillage des hôtels et des hôpitaux s'amortissent en trois replis paresseusement l'un sur l'autre plus gras que la feuille de menthe!

BEATA

Tu as connu l'Allemagne, Læta?

FAUSTA

Regardez ce nuage qui passe!

LÆTA

Comme il brille!

FAUSTA

Comme il vole, énorme et léger, dans le courant de l'air fantastique,
Pareil à un chou monstrueux et à un trône,
Tout radieux et imprégné de la splendeur lunaire !

LÆTA

Un autre, puis un autre ! un autre, un autre encore !

BEATA

C'est la grande procession de Minuit qui commence.

CANTIQUE DES CHARS ERRANTS

LÆTA

C'est ainsi que sur le Rhin naguère
J'ai vu les barges chargées de foin, portant les nouveaux mariés et leur cortège, sur le miroir des eaux resplendissantes,
Comme autant de chars enfonçant sous les dépouilles de l'année, partir l'une après l'autre.
Et l'on entendait la clarinette et le son grêle du violon, et les rires et les chants comme en rêve des hommes et des jeunes filles qui s'appelaient d'une à l'autre de ces meules flottantes !
Et déjà là-bas le premier char avec un cri imperceptible se fondait dans la lune magique,
Que le dernier à peine encore démarrait d'entre les roseaux.
C'est ainsi que dans le milieu de l'année,

Ces blocs de la neige céleste qui de tout le volume de la vie promènent les simulacres amalgamés

Défilent en solennelle ordonnance.

Pendant le jour, comme une cire a pris l'empreinte de nos villes, et de nos cultures, et des âmes humaines, pénétrant par la bouche,

Et nous voyons, la nuit venue, tout cela, chancelant, fumant, bousculé, en marche au-dessus de nous comme des montagnes et le ciel en est parsemé !

Comme le plongeur au fond de la mer translucide

Voit l'ombre du bateau au-dessus de lui, avec ses mâts et ses tangons et les bras de l'équipage qui manœuvrent les engins

Se peindre légèrement sur le sable,

C'est ainsi que ces ombres de la vie sur nous font une ombre à leur tour.

Pas plus que les noyés qui ont atteint le fond de la mer

A jamais ne reconquerront la terre des vivants,

Pas plus les dormeurs qui gisent tout en bas sur le sol ensevelis sous ces eaux magnétiques,

Quoique délivrés du poids, en un effort imperceptible et plus vain que Latone quand elle s'attachait au palmier de Délos,

Ne suffiront à rompre les enchantements !

Ils regardent au-dessus d'eux passer les nuages superbes et ces grandes îles en triomphe,

Comme des chars qui déménagent toute la vie et comme des villes démarrées avec leurs constructions !

(Leurs ombres en bas sur la moisson soyeuse et tachée de pourpre

Les suivent comme l'ancre suit le navire.)

Pas de fenêtre si close qu'elle suffise à défendre le dormeur contre le lait extérieur et contre le temple allumé,

Et de miroir si absorbé qu'il n'en rétorque un rayon !

Ce n'est pas la lune aux fentes du volet pour être si doré, et cependant je sais que ce n'est pas le jour !

La petite ville tout entière autour de son clocher, pénétrée de jardins,

Repose dans une fumée divine et dans une atmosphère d'or !

FAUSTA

Ta patrie, Læta —

LÆTA

La tienne maintenant, ô sœur !

CANTIQUE DE L'OR

Je n'ai point de patrie !
Mais moi ! moi du moins je ne manque pas au vaincu et à l'exilé !
Et je suis taciturne entre ses bras à la place de la patrie perdue et de la société de ses frères.
C'est peu de chose sans doute qu'une femme entre les bras de l'époux qui est revenu
Désarmée et n'ayant plus usage de sa volonté.
Et cependant telle quelle, c'est tout ce qui lui reste au monde, de sa patrie et de son patrimoine.
Et qui lui apprendra, sinon moi, que tout était vain ?
Et comment apprendrais-je que tout était vain,
Sinon entre les bras de l'époux qui est revenu et qui m'a guérie de ce temps qui passe ?

C'est alors que tout est vain, et que tout est fini, et qu'il n'y a plus rien à faire, et que rien ne tient plus à rien,

C'est alors que tout acquiert son prix aux yeux de l'avare cultivateur, et que la terre devient comme de l'or!

Et je lui dirai à voix basse : « Tout est prêt. Tout est mûr. Tout est vain.

Regarde ce que j'ai fait en ton absence.

Regarde cette terre que j'ai achetée et ces grands biens autour de nous qui m'appartiennent.

Regarde l'immense moisson dans la nuit, toute blanche avec des taches de sang!

Regarde ce que la terre a fait et toute cette beauté qui est à la place de l'amour ! »

Et tu me diras : « Est-ce là cette Fausta que j'ai aimée! Où est le printemps? Où est la couleur de l'enfance?

Où est ce bleu si pur? ce vert presque incandescent?

Où est la fraîcheur de l'églantine? où sur ta face cet éclat vermeil de la Pentecôte?

L'ardente couleur de la pourpre

Comme le soir dans un bois de pins et le rayon du soleil de mai! »

Et je te répondrai : « Il n'y a plus que de l'or!

C'est moi, ô mon époux!

Et le jour n'est pas levé encore, mais tout est là dans la nuit, l'immense manne dans la nuit et le montueux océan!

Et tu sais trop que cette terre n'est pas la nôtre, et que ce vent n'est pas l'haleine de la patrie,

Et que ce fleuve n'est pas sa voix dont tu entends le bruit éternel.

Mais moi du moins, je suis là et tu es là aussi à la fin!

Moi du moins je ne fais pas défaut, moi aussi je suis comme de l'or,

Comme un trésor sur ton cœur et comme une grande moisson entre tes bras!

Moi du moins je suis véritable!
Tout ce qui était de la nuit est devenu comme de l'or.
Comme le ciel qui est rouge d'abord, puis violet, puis bleu, puis vert, et la couleur enfin de l'or inaltérable!
Tout ce qui était de la nuit en moi est devenu comme de l'or.
Tous ces grands biens sont à moi et rien n'a duré de ce que j'ai acquis en ton absence, mais tout a changé et mûri entre mes mains, et je le vois qui devient de l'or! »
Et voici le jour bientôt de la femme qui est montée vers Dieu, revêtue d'une grande moisson, la moisson qui ruisselle de ses épaules,
Et dans le moment qu'elle passe à son Époux et à son Père
Ce qui était comme de l'or devient comme de la neige!

BEATA

Ce qu'il y avait dans la nuit est devenu comme de l'or!

Ce qu'il y a comme de l'or est la chère de l'âme et du corps.

LÆTA

L'aurore d'un jour nouveau bientôt paraîtra là-haut dans le ciel éteint.

FAUSTA

Mais déjà sur la terre tout bas dans la nuit a lui l'aurore du pain.

LÆTA

O l'année qui se partage dans la nuit!

BEATA

La fleur qui est déjà le fruit,

LÆTA

Semence de tout ce qui commence,

BEATA

Or de tout ce qui est fini!

LÆTA

Toute chose se reproduit,

BEATA

Indéfiniment la même,

LÆTA

Tout recommence et redit

BEATA

Un mot de valeur suprême,

LÆTA

Un seul nom toujours le même.

BEATA

Le sien à jamais le même,

LÆTA

La fleur inséparée du fruit

BEATA

De la Vie toujours la même

FAUSTA

Dans le temps anéanti !

LÆTA

Les générations l'une à l'autre,

BEATA

Celle qui cesse à la nôtre,

LÆTA

Le mois inextricable,

BEATA

La fiancée qui soupire

LÆTA

Entre les bras qui l'attirent,

BEATA

L'été lointain à l'été,

LÆTA

Le printemps qui expire,

BEATA

Conduit à sa maturité,

LÆTA

L'été sans fin à l'été,

BEATA

Dans le don inextricable

LÆTA

De l'être à l'être semblable,

BEATA

Se passent l'immortalité !

CANTIQUE DU CŒUR DUR

FAUSTA

Mais moi, je ne veux pas de cette immortalité et de cette fleur chaque année interrompue par la faux !
Fer en vain dans une fausse moisson !
Moi, je brise le cercle, moi j'échappe aux plateaux de la balance, moi je suis capable de finir !
Comme le grain échappe à la paille, à la terre ainsi cet or qui ne lui appartient plus !

J'ai fait ma tâche. Cette poignée de froment que j'ai arrachée à l'épi sanglant, dans la Patrie,

Je l'ai semée, et ressemée, et ressemée sans relâche, autour de moi dans cet exil!

Maintenant je suis lasse de vivre et de ces éternelles frontières!

Et n'ai-je pas payé assez cher le droit de finir?

Regarde cette immense rançon dans la nuit et tout ce peuple, candidat de la faux, que j'ai tiré de rien!

Regarde et vois ces choses qui ne finiront plus!

Regarde, et à travers les arbres du jardin, vois de tous côtés qui luit vaguement la moisson blanche et toute cette immortalité autour de nous, couleur de jour!

Un mois encore, et voici toute la terre mûre ainsi qu'un autre soleil,

Et l'intérieur de ce lac d'or et barbelé de rayons, quand le vent l'ouvre et l'émeut, est rouge comme le feu ardent et comme une chair entamée!

Car il faut que la vie chaque année, avant de se reprendre à la terre

Passe par le feu, et comment serais-je satisfaite quand ce que j'ai fait et l'œuvre même de mes mains autour de moi a la ressemblance d'une fournaise?

Tant que le fonds reste intact, le fruit n'est pas consommé!

Il faut aller au cœur! il faut frapper au cœur et tarir en moi la source de ces moissons superflues!

Et puisque tu es revenu enfin,

Laisse-moi voir ma destinée au fond de ces yeux froids! dépouille cet austère sourire qui nie la défaite et refuse la compassion!

Et il est bien vrai que tout est vain, excepté ces yeux impitoyables dans les tiens, et ce qu'ils demandent, je sais que tu ne peux me le donner!

Tourne les yeux vers moi, et soutiens dans les miens ce désir qui est pur de tout espoir!

N'attends pas de moi la compassion, et toi, n'en as-tu donné aucune? ce n'est point la saison des larmes.

Et si tu avais dû me donner la joie, était-ce pour moi la peine d'apprendre la souffrance?

Et la patrie, la peine d'apprendre l'exil?

Qui es-tu? au nom de qui viens-tu? pourquoi ce sourire étrange et ce visage composé?

Ne crois pas que je sois celle qu'on désarme avec une nuit de printemps et ces fausses moissons!

Ouvre ton visage! montre-moi la vérité, car ce n'est pas assez de déceptions encore

Pour nourrir en moi cette pointe, et cette sécheresse, et cet âpre aiguillon!

Dis! cette déception terrestre est-elle l'image d'une autre plus parfaite?

Je veux, j'en veux une autre plus exquise!

Crois-tu qu'on puisse ainsi me satisfaire?

Et sache que je ne veux p même de ta présence,

Si elle doit m'arrêter sur moi-même!

Et de ta complaisance, si elle est une limite

A ma fuite hors de cette personne détestée!

Et si le désir devait cesser avec Dieu,

Ah, je l'envierais à l'Enfer!

BEATA

La terre est le désir et le ciel est le désert.

LÆTA

Voici l'aube!

BEATA

...Le ciel encore une fois devant nous qui pâlit et qui s'est ouvert!

FAUSTA

Quelle est cette lumière, ô sœurs?

LÆTA

Ce jour nouveau?

FAUSTA

Ce mystère   qui opère   dans la profondeur?

LÆTA

Ce flambeau occulte
Qui éclaire les choses par derrière?

FAUSTA

La nuit sans cesser d'être la nuit
Peu à peu comme de l'eau est devenue diaphane.

LÆTA

Un jour plus beau qu'aucun jour profane a lui!

FAUSTA

Ce n'est point le jour qui vient, c'est nous qui remontons vers lui.

LÆTA

Ce demain antérieur à hier!

FAUSTA

Que l'année autour de nous comme un torrent,
Toujours coulant et se hâtant pour revenir sur nous de l'horizon,
Que l'année avec ses saisons,
Ses semailles et ses moissons,
Passe, nous ne passons pas.
Au rebours du courant,
Nous demeurons fixes,
Rectifiant sans cesse la position,
Le cap sur ce phare caché.

LÆTA

Au rebours du temps...

FAUSTA

Sans aucune ancre jetée,

LÆTA

Nous l'avons donc trouvé,
L'asile de cette barque enchantée!

FAUSTA

Après la nuit traversée...

LÆTA

La terre est ressuscitée!

BEATA

C'est la même.

LÆTA

Non pas une autre, mais la même!

FAUSTA

Apparition solennelle!

LÆTA

O nature enfin réelle!

BEATA

Après l'abîme du baptême...

LÆTA

Ressuscitée et la même!

FAUSTA

O pause avant que le jour se lève!

LÆTA

La vérité, non plus le rêve!

FAUSTA

La même, et cependant nouvelle!

LÆTA

La même, et cependant éternelle!

CANTIQUE DES PARFUMS

BEATA

Voici le soleil bientôt qui apparaît pour se faire rendre témoignage que la chair est morte et que l'esprit vit,
Et avant même qu'il se soit montré,
L'âme de la terre se dégage et fume vers lui.
Tout ce que la grâce a mouillé, tout ce que la rosée du ciel
A pénétré, tout ce que la froideur du sol condense,
Tout cela du corps de la créature qui s'ouvre
Se dégage avec un parfum Dieu quelle odeur!
Déja à l'exhalation nocturne des jasmins, au profond soupir des géraniums,
(Chaque fois que le cœur a battu dix fois),
Se mêlent les roses rouges et blanches, en un seul bouquet confusément une fois encore composé,
Dont je distingue les deux accents comme les parties dans le chœur, et chaque voix si pure!
O la plus intime essence de la créature, ô présence délicieuse une seconde et possession à son insu de l'esprit qui d'elle-même s'exhale!
Ah, ne troublez pas le silence, et laissez-moi faire attention à ce parfum, je le sais, qui va revenir!
Que ce silence ne soit pas profané quand le prêtre seul fait défaut, et ce moment antérieur à l'homme cependant que l'œuvre des Cinq Jours fume vers le Soleil levant!
Ou si tu le veux, parle, mais parle lentement!
Parle, mais parle lentement!
Que le sens sacré de la parole et le son de la voix humaine

Tombe dans la pensée mot par mot et s'y dissolve, comme les gouttes de sang vermeil et l'essence même de la pourpre

Une par une en un cristal limpide!

Esprit perceptible aux sens! et vous, ô sens à l'esprit devenus perméables et transparents!

Comme sans ces poussières épandues le rai de soleil n'apparaîtrait pas, et comme n'éclaterait pas la couleur

Sans le verre qui l'intercepte, sans l'objet divers qui l'absorbe et l'amortit,

Comment l'esprit nous serait-il perceptible, l'âme elle-même à l'âme directe et perceptible,

Sans ces fleurs qui le dégagent en expirant et l'encens de ces herbes coupées?

O sacrifice solennel! cavité de l'encensoir! suspens de toute la création avant que le soleil ait paru, qui fume vers lui en silence!

Offrande de la mort qui commence!

Tout ce qui a fait son fruit penche vers la terre, mais l'esprit envoyé par Dieu revient vers lui dans l'odeur de ce qu'il a consumé!

Car il faut que le mot passe afin que la phrase existe; il faut que le son s'éteigne afin que le sens demeure.

Il fallait que celui que j'aime mourût

Afin que notre amour ne fût plus soumis à la mort,

Et que son âme devînt respirable à la mienne,

Et lui servît de guide obscur et de parole au fond d'elle-même,

Comme cette fleur, la même! qu'on reconnaît, chaque fois que le cœur a battu dix fois.

Il est bien vrai que notre chair ne subsiste pas.

Il est bien vrai que ce visage qui se tourne si terriblement vers le nôtre

N'a pas plus de solidité que l'écume du vin sur une coupe, que le souffle de celui qui va boire écarte.

Et celui qui ne le croit pas,
Il n'a qu'à veiller comme moi toute une nuit d'été près de ce lit où le corps qui fut un homme repose.
Et l'odeur de tout un jardin qu'on a coupé ne sera pas la seule qui se mêle à ses prières!
O dieux qui nous avez faits d'un corps avec une âme! ah, ne craignez rien de nos blasphèmes!
Ah, soyez satisfaits! il est vrai que notre chair se décompose!
Et celui qui croit qu'il est jeune et fort,
Qu'il dise si l'odeur de ces flammes d'or qui fondent parmi de terribles roses et les calices blancs de ces lys de la mort, pareils à mille trompettes,
Est la seule chose dont il ait communication.
Et bientôt lui-même ce trophée d'un seul moment
Va se dénouer, la mort se perd dans la vie,
Et la fleur blanche du printemps de toutes parts s'évanouit dans le feuillage
Comme une mer qui résorbe son écume.

FAUSTA

Parle, mais parle lentement.

LÆTA

O réveil!

FAUSTA

O soleil encore!

LÆTA

Ligne vermeille à l'Orient!

FAUSTA

O jour encore!

LÆTA

Commencement du temps!

FAUSTA

Laisse-nous encore...

LÆTA

...Un seul moment...

FAUSTA

Une seule seconde tremblante,

LÆTA

Voir du dehors...

BEATA

Ce qui encore   avec la nuit fait corps intérieurement!

FAUSTA

La nuit même une seconde transparente!

LÆTA

Seconde de présence précaire
Qui plus qu'elle n'éclaire regarde!

FAUSTA

Regard transversal à la nuit!

BEATA

La mort qui n'a pas réussi!

FAUSTA

Une fois encore
La vie transversale à la mort!

BEATA

La nuit
Manquée une fois encore!

LÆTA

Avant que ce soleil une fois encore nous sépare,

FAUSTA

Avant que nos visages se colorent!

LÆTA

Avant que le soleil qui sépare tout et le rend distinct,

FAUSTA

Avant que le jour!

LÆTA

Avant que le soleil qui repousse et sépare tout...

FAUSTA

Toutes trois...

LÆTA

Le jour encore une fois...

FAUSTA

Ne sépare nos trois voix!

BEATA

Avant que le ciel dans la lumière ne s'éteigne!

LÆTA

Avant que le soleil dans sa propre lumière ne s'éteigne!

FAUSTA

Avant que ne s'éteigne, la dernière...

LÆTA

Tout là-haut...

BEATA

Tout là-bas...

LÆTA

Une naïve petite étoile tendrement qui dit : Ne m'oubliez pas!

CANTIQUE DE L'OMBRE

BEATA

Avant qu'une fois encore les deux moitiés de l'univers se divisent,
Et que la nuit se rompe par le milieu qui est commune aux morts et aux vivants!
Avant que la nuit de nouveau nous abandonne, pleine de ceux qui nous sont chers,
Et que cessant de remplir nos demeures, elle reflue de nouveau et nous quitte comme une terre dont l'eau s'exprime!
Et toi qui m'as quittée, adieu une fois encore!
Avant que tu reviennes de nouveau te présenter sur le miroir de mon âme,
Comme les dieux sous le diaphragme au plus profond de la bête ont placé le foie poli et brillant que les sacrificateurs interrogent!
A présent c'est le moment de la lutte entre la lumière et l'ombre et ce monde solide tressaille et semble saisi d'ivresse!
Tout remue et chancelle et se transforme et semble danser,
Et sur les plaines chatoyantes se peignent des images démesurées.
Voici le monde plus rouge que la caverne des Cabires
Et le torrent des ombres descend le long de la paroi.
Tout se meut! c'est la Création qui reprend contact avec elle-même et le mot d'ordre à l'infini se propage et se multiplie!
C'est l'immense procession autour de nous qui se remet en ordre avant qu'à pleins bords elle recommence à passer!
Et je vois de mes yeux autour de moi ma prison qui coule et qui s'en va!

Je suis l'hôte de ce fleuve ininterrompu.
(Et dirai-je que tout s'en va ou que tout revient vers nous?)
Et qu'il est facile en plein courant d'être détaché et de ne tenir à rien!
Avant que le temps recommence,
Avant que l'ombre de nouveau, cherchant sa place, revienne se poser sur notre corps comme la flamme sur le flambeau!
Que le soleil de ce monde triomphe, nous refusons d'être pénétrés,
Et refoulés, acculés, nous lui opposons cette invincible paroi,
Afin que, nous-mêmes d'un côté et de l'autre les flammes de la Forge,
Toutes choses dessus se peignent et l'image de ce qui nous regarde.
Jusqu'à ce que nos ténèbres et celles qui grandissent à l'Orient de nouveau
Courent au-devant l'une de l'autre et que la première vague de cette sombre marée ébranle de nouveau la barque!
Jusqu'à ce que la mer de nouveau fasse défaut sous ma quille!
Ah! pas plus moelleusement une vieille nef au piège de quelque Célèbe n'épousera la borne occulte sous la mer
Que toute mon âme d'avance ne se prête à ce choc ténébreux!
Ah, il est plus malaisé pour l'âme que pour le corps de mourir et de trouver sa fin!
Où finit le corps sinon où l'autre corps à lui se fait sentir?
Où finit le son sinon à l'oreille qui lui est accordée? où le parfum, ailleurs que dans le cœur qui l'aspire?
Et où finit ma voix, sinon
A ces deux voix fondues que le jour va disjoindre,
Les vôtres, mes sœurs?

Et où finit la femme sinon dans l'âme prédestinée et ce port qui la contient de tous côtés
De l'époux qui d'être ailleurs ne lui laisse aucune liberté ?
Salut de nouveau, ô toi qui m'as quittée !
Jadis au bord de ce fleuve d'Égypte, en ce temps de nos noces,
En ces jours d'un temps étrange et plus long que les dieux nous ont comptés et mesurés,
Tu me disais : « O visage dans les ténèbres ! double et funèbre iris !
Laisse-moi regarder tes yeux ! Laisse-moi lire ces choses qui se peignent sur le mur de ton âme et que toi-même ne connais pas !
Est-il vrai que je vais mourir ? dis, ne suis-je donc autre chose que cette présence précaire et misérable ? est-ce dans le temps que je t'ai épousée ?
Trois fois le papillon blanc n'aura pas palpité dans le rayon de cette lune Sarrazine
Que déjà je me suis dispersé !
Ne suis-je pas autre chose que cette main que tu veux saisir et ce poids un instant sur ta c   ?
La nuit passe, le jour revient, B   ! »
Et je répondais : « Qu'importe le jour ? Éteins cette lumière !
Éteins promptement cette lumière qui ne me permet de voir que ton visage ! »

Château d'Hostel en Val   ley, juin 1911.

Préface.	5
CINQ GRANDES ODES.	15
Première Ode : Les Muses.	17
Deuxième Ode : L'Esprit et l'eau.	34
Troisième Ode : Magnificat.	53
Quatrième Ode : La Muse qui est la grâce.	73
Cinquième Ode : La Maison fermée.	91
PROCESSIONNAL POUR SALUER LE SIÈCLE NOUVEAU.	111
LA CANTATE A TROIS VOIX.	125

Ce volume,
le cinquième de la collection Poésie
a été achevé d'imprimer,
le 19 janvier 1979
sur les presses de Firmin-Didot S.A.

Imprimé en France
Dépôt légal : 1ᵉʳ trimestre 1979
N° d'édition : 24649 — N° d'impression : **3849**

24649